FERNAND BERNARD

A TRAVERS SUMATRA

A TRAVERS SUMATRA

UN VILLAGE ENTRE FORT-DE-KOCK ET PADANG PADJANG.

FERNAND BERNARD

A TRAVERS SUMATRA

(DE BATAVIA A ATJEH)

OUVRAGE ILLUSTRÉ DE 52 GRAVURES

LIBRAIRIE HACHETTE ET Cie

PARIS, 79, BOULEVARD SAINT-GERMAIN

1904

Droits de traduction et de reproduction réservés.

A TRAVERS SUMATRA

De Batavia à Atjeh

CHAPITRE I

Batavia. — L'histoire héroïque. — Le supplice de Pierre Eber-feld. — Le massacre des Chinois. — La baie de Palaboean Ratoe. — La province de Bantam et Multa Tuli. — Danses indigènes. — La baie de Telok Betong et le Krakatau. — Le détroit de la Sonde.

Batavia, 7 avril.

DEMAIN, nous quittons Batavia. J'ai, presque tout le jour, vagabondé par la ville. J'en veux garder l'image profondément gravée dans ma mémoire. Plus tard, sous le triste ciel d'Europe, pendant l'hiver, j'évoquerai l'étincelante vision, je referai la promenade d'aujourd'hui, et dans la chambre close, à l'abri du vent aigre et de la pluie glacée, je revivrai l'indolente existence de ce beau pays.

Tout à l'heure, après le lourd repas habituel, je suis sorti de l'hôtel. Les rues sont vides. La copieuse « table de riz » engourdit les Européens ; chacun dort ou se repose, en costume léger, au fond des vastes appartements. Les Malais eux-mêmes cherchent l'ombre, jouent ou devisent, accroupis au pied des arbres ou sous les vérandas désertes. Un dos-à-dos, l'incommode voiture de Java, me promène tout doucement le long des avenues. Voici la Könings Plain : l'immense pelouse déroule son tapis jusqu'à la ligne de beaux arbres qui précèdent et entourent le Muséum. Les maisons se dissimulent dans la verdure ; c'est à peine si on aperçoit, par endroits, un coin de mur blanc, une toiture large et écrasée. Les magasins même exposent discrètement leurs étalages au fond des jardins.

Au sommet d'un tertre gazonné, la citadelle du prince Frédéric montre ses remparts surannés et ses maisonnettes de briques, comme un bijou dans un écrin de velours vert. Le Tji Liwong lui fait une ceinture d'ocre rouge. Ce ruisseau, où se penchent les cocotiers et les touffes superbes des bambous, est d'humeur inégale. Quand les averses formidables s'abattent sur les flancs du Salak et du Ghédé, les eaux désordonnées remplissent brusquement le lit étroit. Jadis, ces

UNE ROUTE A JAVA.

accès répétés couvraient les bas quartiers d'un flot boueux. Aujourd'hui, la rivière fantasque est disciplinée : l'écluse de Pasar Baroe maintient son niveau à une hauteur convenable ; des canaux la relient au Kali Baroe et à la rivière de Krokot ;

une large coupure écoule directement les eaux furieuses vers la mer.

Tous ces canaux, naturels ou artificiels, courent à travers la ville. Celui de Rijswick s'allonge entre deux murs rouges : le soir, les Javanaises viennent s'y baigner. Elles descendent tranquillement le long des étroits escaliers : le sarrong, remonté jusque sous les bras, cache la gorge; la kabaya une fois quittée, elles montrent des épaules fines et rondes, une poitrine ferme et bien remplie. L'étoffe mouillée dessine des corps souples, des lignes élégantes. Les Hollandais qui, le soleil couché, déambulent paresseusement le long de l'avenue, ne prêtent à ce spectacle qu'une attention distraite. Et c'est un contraste amusant que celui de ces promeneurs au teint pâle, d'allure flegmatique, strictement boutonnés dans leurs vêtements européens, et de ces indigènes bronzés qui jouent bruyamment et font rejaillir l'eau limoneuse.

A cette heure-ci tout est désert. En aval de l'écluse, le ruisseau étale son miroir tranquille. Le temps est lourd et la chaleur accablante. Le soleil éclatant projette des ombres immobiles; les feuilles luisantes ne remuent pas; la brise qui, tout à l'heure, poussera vers les volcans lointains

les vapeurs laiteuses, n'est point encore levée. Je
vais lentement, comme au travers d'un jardin,
jusqu'à Meester Cornélis. C'est un faubourg de

LE CANAL DE RIJSWICK, A BATAVIA, S'ALLONGE ENTRE
DEUX MURS ROUGES.

Batavia qui s'étale de part et d'autre de la route
bordée d'arbres prodigieux. C'est ici que viennent mourir les dernières pentes montagneuses.

Au delà et jusqu'à Buitenzorg, le sol s'élève mollement : point de brusques arêtes, de ressauts heurtés, de ravins impressionnants, mais des formes arrondies et moelleuses, de longues croupes où les rizières s'étagent en gradins verdoyants.

Ce calme pays a connu cependant des jours tragiques. C'est ici qu'en 1811 eut lieu le combat décisif, où les Anglais conquirent d'un seul coup l'île tout entière. La nouvelle ville, Weltevrède, à peine créée par Daendels, il fallut l'évacuer, se hâter de construire à Meester Cornélis un camp retranché, dont l'organisation sommaire ne devait point permettre la défense obstinée.

Ce souvenir évoqué fait surgir aussitôt l'histoire héroïque. Sur ce pays merveilleux, tous les conquérants, tour à tour, se sont rués.

Ce sont d'abord les Hindous, aux temps obscurs, que la légende préserve encore de l'oubli.

Adji Saka, prince d'Astina, débarque un jour *dans une île sauvage, Nousa Kindang,* peuplée de Raksassas, et des victoires fabuleuses marquent *son passage. Voilà que surgit brusquement* l'empire de Brambanan; les villes somptueuses *sortent du sol et les « Mille Temples[1] »*

---

1. Les Mille Temples, le Tjandi Sewoe, près de Djocjakarta.

s'élèvent à la gloire des divinités nouvelles.

L'empire se disloque à la mort du héros ; chacun de ses fils règne sur une province et bientôt des

guerres fratricides ensanglantent Java. De générations en générations, elles se perpétuent. Un jour, Tandouran, roi de Papajaran, battu et chassé par son frère, se réfugie dans l'immense forêt qui couvre la vallée de Kediri ; trois serviteurs fidèles l'ont suivi ; ils vont cueillir pour lui les fruits amers de l'arbre madja, et le prince, qu'illumine un oracle soudain, fonde, dans ce

lieu désert, la capitale nouvelle, Madjapahit[1]. Et
c'est l'éclosion formidable : de toutes parts, des
aventuriers viennent se ranger sous la bannière
du proscrit ; le jeune royaume s'étend par des
triomphes inouïs ; il déborde par delà les détroits ;
il s'étend sur Palembang et sur le Menangkabao,
et les flottes de Madjapahit vont conquérir Sin-
gapoera, la ville des Lions.

Au XVᵉ siècle, l'empire est à son apogée, mais
les peuples vaincus s'unissent contre le maître.
Un lien puissant, l'Islam, noue la coalition, et l'édifice s'écroule ; de ses débris dispersés sortent des
États sans nombre : le royaume de Bantam, le
sultanat de Demak, l'illustre empire de Mataram.
Mais un ennemi plus terrible a déjà paru : la
flotte d'Albuquerque a bombardé Malacca ; Maga-
lhaës a débarqué aux Moluques. L'Europe lointaine prend possession du monde révélé que le
pape Alexandre partage entre les Espagnols et
les Portugais. Chaque jour, des navigateurs plus
hardis cinglent vers les îles merveilleuses. A la
fin du XVIᵉ siècle, l'amiral Houtmann traite avec
le roi de Bantam, et bientôt Batavia s'élève sur
les ruines de Jacatra incendiée. Dès lors les nou-

---

1. Pahit, en malais, veut dire amer.

RUINES DES MILLE TEMPLES, LE TJÁNDI KALI SEWOB.

veaux maîtres, les Hollandais, s'établissent d'une manière définitive. Malgré tous les assauts, les guerres, les révoltes, l'Insulinde conquise ne leur échappera plus.

De ce passé, magnifique et lointain, les vestiges, par endroits, jonchent le sol; les temples bouddhiques ou brahmaniques s'érigent encore de place en place, et l'Islam n'a pas fait oublier les anciens dieux. A Singosari, à Brambanan, au Bœrœbœdœr, j'ai vu, devant les statues mutilées, les bas-reliefs renversés, des Javanais s'agenouiller craintivement, déposer les offrandes qui rendent le ciel propice et la terre féconde. Au Tjandi Brambanan, Çiva et Dourga ont conservé leurs adorateurs et leurs prêtres, et cependant nul n'oserait porter les mains sur les pierres qui se disloquent, retarder ou réparer l'œuvre des temps. Malgré tout, du reste, ces ruines n'ont pas l'aspect mélancolique : le soleil les visite et les illumine; la couleur terne de la pierre se fond dans la clarté du jour radieux. Le paysan familier vient pousser sa charrue ou repiquer son riz jusqu'à l'enceinte où se pressaient jadis les pèlerins ou les triomphateurs. Le Tjandi Kalassan se mire dans l'eau tranquille des rizières; le dôme ogival couronne une tour carrée où s'enferme une salle octogone; les pans coupés et les retraits des murs s'ornent de niches et de moulures où partout se répète l'ornement symbolique, la tête du Garouda, tenant entre ses dents les queues de deux nagas, dont le corps convulsif se raidit et dont la tête monstrueuse se redresse. Mais au sommet du temple, les lianes et les plantes s'entrelacent, retombent, caressantes et familières, gardiennes de la divinité.

Les ruines colossales du Bœrœbœdœr s'entassent sur une colline, derrière un rideau d'arbres, et, du point culminant, on voit s'étaler la vallée merveilleuse du Progo, les villages perdus dans les cocotiers, les champs verdoyants où les flaques d'eau luisent comme des boucliers; à l'horizon, d'admirables montagnes s'élèvent; les formes pures et moelleuses du Merapi et du Sœmbing, couverts de bois, montent dans le ciel pur. Tout ce pays est trop vivant et trop fécond pour conserver, jaloux et triste, le souvenir cruel des désastres anciens. Quand l'œuvre de l'homme s'effondre, la nature en prend possession. Dans le vieux palais de Djocjakarta, l'on peut à peine démêler les formes et la disposition de l'édifice, au milieu du fouillis des bambous et des palmiers. Par-ci, par-là, un pan de mur surplombe une esplanade, un porche s'ouvre, béant, sur une galerie sinueuse; des enfants nus jouent et s'ébat-

STATUES ET FRAGMENTS PROVENANT DES MILLE TEMPLES.

tent au grand soleil, sur les pierres amoncelées. Comment se plaire aux souvenirs tragiques dans ce décor resplendissant?

Ma voiture, lentement, m'a ramené vers la vieille ville. Nous longeons un canal, rectifié et creusé récemment, bordé de maisonnettes qu'entourent des cocotiers. Par endroits, les cases disparaissent; c'est un bois silencieux où, du sol herbeux, jaillissent à l'infini de sveltes colonnettes. On se croirait fort loin d'une ville moderne, si les rails et les fils d'un tramway électrique ne rompaient le charme naissant. C'est ici, dans cette plaine basse, que campèrent, par deux fois, les armées de Mataram; par deux fois, les rudes défenseurs de Batavia ont vu fuir et disparaître leurs ennemis, lassés d'un siège meurtrier.

Les âpres marchands d'autrefois savaient aussi défendre leur conquête par d'autres moyens. Sur la route se dresse encore un monument de leur justice barbare : c'est la maison de Pierre Eberfeld. Une tête de mort en plâtre, grimaçante, percée de part en part d'un fer aigu, et une inscription, en hollandais et en malais, rappellent la terrible histoire : un aventurier autrichien s'entendant avec des chefs indigènes pour chasser les Hollandais; sa fille, éprise d'un officier et, volontairement ou par surprise, révélant le complot; puis le supplice abominable, Eberfeld empalé, muré dans le mur même de sa maison, qu'il est interdit de réparer et qui reste, lugubre, envahie par les ronces, sur cette route délaissée depuis la création de Weltevrède.

Par la porte disjointe, on peut voir le jardin,

où poussent au hasard quelques arbres dont les Malais du voisinage viennent, sans inquiétude, cueillir les fruits. C'est à l'un d'eux, peut-être,

UNE FILE DE VOITURES A BUFFLES DANS UNE RUE DE BATAVIA.

que fut pendue la fille du malheureux, et je m'imagine ce drame si complet, tel qu'il se déroula, voilà cent cinquante ans, sous le soleil implacable comme les hommes d'alors. Je me représente Eberfeld, que l'histoire a flétri comme un traître et dont le succès eût fait le conquérant prestigieux d'un nouveau paradis; et ces amours

violentes et tragiques, et le secret arraché ou
livré, et le supplice, les juges impassibles ou
féroces, accomplissant un devoir ou satisfaisant
une vengeance, protégeant les trésors un instant
menacés.

Parmi ces justiciers impitoyables, quelques-uns
dorment tout près d'ici, autour de la vieille église,
sous les dalles et les lourdes tables de fonte, où
des inscriptions rappellent l'œuvre jadis accomplie. C'est là la ville ancienne. Une multitude de
canaux la traversent ou l'entourent. Dans le quartier européen, les maisons massives s'alignent
le long du Kali Besar; de l'autre côté de l'arroyo,
c'est le Kampong, le quartier chinois. Les coolies
et les marchands se reposent au seuil des portes.
Le soleil déjà s'incline et les commerçants hollandais ont regagné Weltevrède. Chaque soir, toute
activité cesse dès cinq heures, et la vie ne reprendra que demain vers huit ou neuf.

Ici, d'ailleurs, comme à Singapour, Bangkok et
Cholon, presque tout le commerce, gros ou petit,
est entre les mains des Chinois. Dès le Xe siècle,
ils fréquentaient ces parages. Batavia à peine
construite, ils y pullulaient. Ils n'étaient point
toujours d'aussi paisible humeur qu'aujourd'hui.
Ils souffraient impatiemment les injustices, et ne

LE MARCHÉ EST A JAVA, COMME PARTOUT, UN LIEU DE RENDEZ-VOUS.

se résignaient pas à subir les fantaisies et les violences des conquérants. En 1737, un grand nombre d'entre eux se rassemblaient et s'armaient dans un village voisin, et l'armée des révoltés venait attaquer la ville. Les Chinois paisibles n'avaient pas quitté leurs comptoirs; sur l'ordre qu'ils en avaient reçu, ils s'étaient enfermés dans leurs maisons. Par leur nombre cependant, ils paraissaient dangereux; on résolut de s'en défaire. Ce fut le gouverneur général lui-même, Valckenier, qui, affolé par la peur, décida le massacre. Tandis que les rebelles, repoussés après une première attaque, battaient en retraite, la garnison de Batavia, renforcée par les marins débarqués de leurs navires, exécutait la sentence. Ce fut, pendant toute une nuit et tout un jour, une abominable et lâche boucherie. A l'hôpital même, cinq cents Chinois malades furent égorgés. Près de neuf mille malheureux périrent. Dans la ville, transformée en charnier, le sang répandu et les cadavres amoncelés provoquaient des épidémies vengeresses. Tandis que la guerre s'étendait, gagnait les provinces voisines, tout commerce cessait dans Batavia désertée. Ceci peut-être, plus que l'horreur du crime, provoqua l'indignation de l'illustre Compagnie des Indes. Valckenier fut arrêté et jugé ; mais le dossier de l'affaire et le réquisitoire, qui concluait à la peine de mort, furent perdus, en 1744, dans le naufrage du *Streyer*. Valckenier devait mourir quelques années plus tard, avant la fin du procès.

Depuis cette époque lointaine, les Chinois sont revenus. Dans l'ile, leur nombre dépasse aujourd'hui deux cent cinquante mille ; à Batavia seulement, il atteint vingt-huit mille. A cette heure tardive, ils donnent seuls un peu d'animation aux vieilles rues que je parcours et qui me conduisent jusqu'à la citadelle, depuis longtemps démantelée. La grande porte est encore debout, repeinte soigneusement en blanc, avec, sur l'entablement, quatre urnes noires, et, dans des niches, deux statues de guerriers sauvages. Dans l'herbe, à l'emplacement des remparts abattus, gisent encore quelques vieux canons de fonte. L'un d'eux, d'assez gros calibre, inspire ici une singulière vénération. Il possède, paraît-il, des vertus merveilleuses : il rend aux femmes stériles la fécondité. Les Malaises viennent ici faire leurs dévotions, selon un rite étrange et qui ne manque pas de logique. Pour le moment, l'antique caronade repose, abandonnée par ses fidèles.

Par-ci, par-là, de grands bâtiments, silencieux et

clos, mais bien entretenus, s'élèvent au milieu des arbres. Ce sont les casernes, les logements d'autrefois, transformés aujourd'hui en magasins. Puis, au delà de la citadelle, voici le port. Dans ce bassin étroit et sale, mouillaient jadis les innombrables navires qui visitaient la Venise orientale. Ils passaient entre ces deux jetées qui se prolongent jusque dans la mer, au milieu des marais d'où s'élancent les feuilles pressées des palmiers

UN COOLIE, A BATAVIA.

d'eau, sous les canons des batteries dont les talus affaissés se profilent encore dans la verdure. Aujourd'hui, tous les bateaux vont à Tandjong Priok, le nouveau port. Ici, tout est mort, triste, dans la lumière éteinte d'un soir orageux, et je

reviens vers Weltevrède, la ville vivante, non
sans plaisir.

À bord du *Speelman*, 9 avril.

Hier, à quatre heures, nous sommes partis de
Tandjong Priok. Quelques amis, des compatriotes
que nous avons connus ici et que nous retrouve-
rons, je l'espère, en France, nous ont accompagnés,
malgré l'accablante chaleur. J'ai dit adieu à Java
sans trop de regrets ; je ne connais point cette mé-
lancolie des départs que tant d'autres ressentent.
Je m'attache aux hommes et non aux choses. Les
pays où j'ai vécu, mais où je ne laisse point d'êtres
chers, ne me tiennent au cœur que par des
liens fragiles. Je n'ai point d'émotion à refaire
le chemin parcouru, à revoir les sites familiers
et, si j'y trouve une joie nouvelle, le sentiment
n'y a point de part. Je ne suis pas le prisonnier
de mes habitudes, j'ai l'âme d'un vagabond. Le
voyage m'ouvre la porte des rêves : l'inconnu va
se révéler.

Cet amour du nouveau me fait paraître tout départ radieux. Et puis j'ai été, à Java, quelque peu
déçu. Je me suis souvent représenté ce pays comme
une terre mystérieuse et redoutable. J'y ai vu les
paysages les plus frais et les plus riants du monde,

LA BAIE DE PALABOEAN RATOE EST, COMME PANORAMA, L'UN DES PLUS BEAUX DE JAVA.

un peuple pacifique et résigné, menant une vie tranquille et monotone, tout comme ses conquérants.

Pourtant ma dernière excursion m'a laissé une impression très vive. On m'avait fait une description enthousiaste de la baie de Palaboean Ratoe : j'ai profité de quelques jours de liberté, avant le départ du *Speelman*, pour aller voir cette merveille.

Le chemin de fer m'a conduit à Tji Badak, entre Buitenzorg et Soekaboemi, et, de là, nous sommes allés en voiture, par une route caillouteuse, jusqu'au bord de la mer. C'est ici, paraît-il, le Java sauvage, et l'océan Indien baigne de ses eaux une côte rocheuse et couverte de bois. Nous avons passé la nuit dans le pasangrahan[1] et, dès le matin, nous nous sommes mis en route pour regagner Soekaboemi, en passant par Pasawahan et Bodjong Lopang. Nous avons passé tout d'abord, sur un bac primitif, une rivière, le Tji Mandiri, et nous en avons suivi la rive gauche jusqu'à l'embouchure. Le sentier s'engage ensuite dans un étroit vallon et s'élève rapidement jusqu'à plus de 1 000 mètres d'altitude. A mesure que l'on monte, la baie tout

1. Maison destinée aux Européens de passage et, plus spécialement, aux fonctionnaires en tournée.

entière apparaît, et c'est bientôt un coup d'œil merveilleux, le plus admirable assurément que m'ait offert Java. C'est d'abord le vallon que nous venons de traverser, et les pentes couvertes de bois, les arbres touffus aux feuillages si divers, les lianes qui les enlacent et les relient, un manteau de verdure puissante; puis, plus bas, un hameau blotti dans les palmiers, le tronc souple des cocotiers et les palmes luisantes qui ondulent sous le vent; au delà, la mer profonde et bleue. A peine, çà et là, quelques rides frémissent à la surface; une côte harmonieuse s'arrondit mollement avec le liséré blanc qu'ourlent les sables; puis c'est la tache vert clair des rizières, et, plus loin, d'autres champs encore, dorés, prêts pour la moisson prochaine, et des collines avec une chevelure de forêts. A leur pied coule le fleuve; il apporte ses eaux rouges et troubles, et qui ne veulent pas se confondre dans le pur cristal de la mer; enfin, tout au fond, des montagnes bleues dont les cimes mamelonnent et se succèdent jusqu'à la limite de l'horizon. Et tout cela sous un ciel admirable, un soleil éblouissant, un air transparent et immobile, une lumière limpide, sans une vapeur ni une fumée, et sans que rien cependant y paraisse dur et heurté. C'est d'une beauté tranquille, insolente,

LES RIVIÈRES SONT BORDÉES D'ARBRES A LA VÉGÉTATION LUXURIANTE.

un tableau que l'on évoque, que l'on revoit et qu'aucune description ne saurait rendre.

Le départ de Tandjong Priok ne nous offre point un tel régal. Des vapeurs épaisses cachent l'horizon

et les nuages amoncelés couvrent les deux volcans
jumeaux, le Salak et le Ghédé, dont nous avons, il
y a quelques mois, le matin de notre arrivée, salué
les formes pures. Le *Speelman* est sorti du port.
Il longe, à peu de distance, une côte basse que
précède une ligne d'îlots. Une végétation pressée
baigne dans la mer. Sur cette terre féconde, il n'est
pas un morceau de boue, pas un angle de rocher
où la plante ne mette sa griffe. Il semble que Java
soit sortie de l'Océan, aux temps antiques, toute
verdoyante et fleurie.

La province dont nous voyons les rivages n'est
cependant pas une des plus belles de Java. C'est,
au contraire, la moins riche et la moins peuplée ;
c'est le Bantam où les Hollandais fondèrent leurs
premiers établissements. Dans la plaine, presque
toutes les terres, et les plus fertiles, ont été ven-
dues au commencement du siècle à des Européens
ou à des Chinois. C'est par cet expédient que Daendels et Raffles essayèrent de remplir le trésor. S'ils
trouvèrent ainsi des ressources momentanées, ils
ont, par contre, laissé à leurs successeurs une
charge qui pèse lourdement sur la population.
Pourquoi travailler le sol, si le produit doit enrichir
un maître étranger ? Le paysan du Bantam ne s'y
résigne point. Il s'exile, va chercher, dans d'autres

provinces, des terres libres. Ceux qui restent n'ont pas le caractère insouciant des autres Javanais; ils sont d'humeur farouche; leur religion est plus intransigeante. Le fanatisme musulman, fort rare à Java, se rencontre parfois ici; il y a quelques années à peine, un résident en fut victime. Autrefois, les chefs indigènes, pauvres eux-mêmes, au milieu d'une population misérable, s'efforçaient par tous les moyens, illicites ou permis, de tenir leur rang. Quand le système des cultures forcées battait son plein, le Javanais dépouillé, sans défense contre ses chefs et contre une administration insatiable, traversait le détroit, se réfugiait dans les Lampong[1]; des bandes se formaient, ravageaient le pays, des troupeaux de pauvres êtres désespérés et avides de vengeance.

Depuis trente ans cependant, tout a changé. Dans cette malheureuse province, un homme admirable a servi, et son âme, obstinée au bien, l'a dressé dans une lutte inégale où cependant, il devait triompher.

On m'a montré, il y a quelques jours, à Rangkas Betoeng, la maison qu'habita Multa Tuli. Douwes Decker a été, voilà bientôt quarante cinq

[1] Province sud de Sumatra.

ans, assistant résident de Lebac. Ce fut un fonctionnaire candide et dangereux. Il portait en lui
les principes les plus funestes et dont une bonne
administration né saurait s'accommoder. Il pensait
que ses devoirs de fonctionnaire et ses devoirs
d'homme de bien ne pouvaient être contradic-
toires; il se croyait obligé à plus d'abnégation,
mais non pas à moins d'équité. Le jour où les infa-
mies du régent de Lebac lui furent révélées, il ne
se contenta pas d'en informer son supérieur
hiérarchique. Il prétendit, et malgré tout, obtenir
justice, non point par obstination jalouse, mais
parce que des hommes souffraient et qu'il voulait
faire cesser leur misère. On le pria de se tenir
tranquille. Le devoir d'un résident était simple; il
consistait à faire planter du café, à le payer le
moins cher possible. Les chefs indigènes étaient
pour cette haute tâche des auxiliaires qu'il fallait
ménager. Que le régent de Lebac eût commis
quelque peccadille, cela n'avait point d'impor-
tance : il rendait des services, et c'était un gage
suffisant de moralité. Douwes Decker s'obstina;
déplacé, envoyé en disgrâce, il dut démissionner;
il partit. Pendant plusieurs années, en Hollande,
il connut la misère, la faim et, pire encore, les sar-
casmes et l'insolente pitié. *Multa tuli*, « j'ai beau-

coup souffert », tel est bien le vrai nom de l'apôtre. Rien ne l'a découragé. Infatigablement, il a crié; il a révélé l'œuvre odieuse de rapine et d'oppression, et son souffle a renversé l'édifice d'iniquité. Il avait contre lui toutes les forces humaines : la vanité des politiciens, la rapacité des trafiquants, l'inertie haineuse des administrations, la lâcheté des honnêtes gens; il a triomphé. Dans toute la Hollande, chacun s'est pris de pitié pour l'indigène misérable et depuis si longtemps opprimé. Nul n'a plus voulu d'un système de colonisation où les richesses de la métropole se payaient par les larmes des Javanais. J'ai vu l'œuvre accomplie. Ce qui marque aujourd'hui d'un caractère unique et généreux l'administration hollandaise, c'est le souci constant de l'indigène, du « petit homme » qu'il faut également protéger contre les autres et contre lui-même; l'âme exquise de Multa Tuli a conquis les Indes.

C'est à cet homme indomptable que je songe ce soir. Il a vu s'ouvrir devant lui les deux routes : l'une paisible et doucement inclinée, vers les plaines basses; l'autre, escarpée et difficile, vers les hauteurs; c'est la seconde qu'il a choisie. S'il a souffert, il a éprouvé aussi des joies surhumaines; il a réalisé l'idéal poursuivi. C'est un exemple que je médite, un philtre dont je comprends la force et l'incomparable vertu.

La nuit s'est faite, et le bateau glisse dans l'ombre épaisse. Quelques passagers, pour se distraire, écoutent les sons criards d'un graphophone. Sur le pont, des indigènes sont accroupis. Parmi eux, une troupe de musiciens ambulants forme un groupe compact. Ils vont à Padang; ils détiennent le trésor des antiques mélodies et des poèmes légendaires et, sur notre demande, ils jouent. L'orchestre, le Ganelang, a des instruments de toutes formes et de toute espèce. L'un d'eux, une série de gongs aux notes musicales, donne de jolis sons, coupés par instants par le bruit violent et brutal des tambours de peau ou de bois. Des fillettes dansent. Elles ont revêtu un costume d'une étoffe diaphane, pailletée d'or; elles sont casquées d'une coiffure qui les écrase, un diadème qui se relève par derrière, en cimier. Elles portent un masque, bleu, rouge ou noir, au nez pointu, aux sourcils infléchis et dont les traits expriment des sentiments simples, joie ou douleur. Elles dansent et les musiciens chantent : les paroles inconnues s'envolent; les voix s'élèvent et tombent tour à tour. Les danseuses se balancent;

les pieds rapprochés et croisés, les bras étendus, elles dodelinent la tête, fléchissent le corps, remuent les mains et les doigts avec des gestes raides et bizarres; et puis, de temps en temps, elles font quelques pas, d'une démarche théâtrale, de longues enjambées avec les jambes relevées très haut, la tête fixe et provocante. Que miment-elles? que disent-ils? les voix s'abaissent et meurent. La même note, pure et mélancolique, revient régulièrement, frappée sur un gong de métal. Le poème qu'ils chantent, la scène qu'elles jouent, dolentes ou passionnées, chacun de nous peut les créer à sa fantaisie. Ces ombres falotes, qui s'agitent sous la lumière incertaine de quelques lanternes, semblent s'effacer et se perdre dans le lointain. Ce sont des revenants mélancoliques; ils disent le passé aboli, les royaumes morts, les amours évanouies, les exploits héroïques et vains. Ils éveillent en nous des souvenirs ataviques, des pensées obscures, des désirs imprécis, et lorsque les danseuses s'inclinent et nous saluent, quand l'obscurité s'est faite plus complète et que la musique s'est tue, le rêve encore me berce qu'évoquèrent la danse et les chants.

A bord du *Speelman*, 10 avril.

Le *Speelman* ne se presse pas. Hier, nous aurions dû arriver à Telok Betong, à six heures du matin : une avarie survenue à la machine nous a obligés à ralentir, et nous n'avons mouillé dans la rade qu'à dix heures. Nous n'avons pas le temps de descendre à terre, et nous nous contentons d'examiner de loin la côte. Nous sommes au fond d'une baie triangulaire fermée au sud par une ligne d'îlots. Les montagnes boisées tombent directement dans la mer; de hauts sommets, de 1 000 à 1 200 mètres d'altitude, semblent défendre l'entrée du port. Au sud, par la trouée où nous venons de passer, à l'ouest de l'île Sebesi, on aperçoit, dans le lointain, un cône isolé de couleur grise : c'est le Krakatau.

Cette montagne paisible et qui émerge au-dessus des eaux endormies, a déchaîné, voilà dix-sept ans, la plus effroyable des catastrophes. Depuis 1680, le volcan était assoupi. Les navigateurs venus d'Europe saluaient de loin ce pic solitaire; il annonçait le terme du voyage. En mars 1883, brusquement, le monstre s'est réveillé. Les indigènes des terres voisines ont regardé curieusement le panache de fumée qui se tordait

et montait dans les airs. Un tel spectacle leur était
familier et ne leur inspirait aucun effroi. De part
et d'autre, à Java comme à Sumatra, deux lignes
de formidables montagnes s'allongent; chacune
d'elles a son histoire, sa légende, ses longues
périodes de calme et ses crises de fureur. Les
colères du Krakatau ne paraissaient point redoutables. Il n'y avait sur ses flancs ni villages, ni
plantations, et la mer protectrice isolait le volcan.
Chaque jour cependant, les phénomènes deve-
naient plus violents. Au mois d'août, la montagne
projetait des nuages épais de cendres; les laves
s'épanchaient par-dessus le cratère; la forêt sécu-
laire, qui couvrait les pentes, s'enflammait comme
une torche. Un planteur qui, à cette époque, se
trouvait à Java, dans les Préangers, sur les flancs
du Malabar, m'a dit l'épouvante et l'angoisse qui,
pendant quelques jours, emplirent toutes les âmes.

On avait vu s'élever, dans la direction de Batavia, un lourd nuage qui s'étalait peu à peu et
lentement submergeait tout le pays. Il ne semblait
pas qu'il fût poussé par le vent. Les volutes pressées montaient, s'entassaient et s'écroulaient ensuite. C'était un flot noir qui se déversait et enva-
hissait le ciel. Bientôt la nuit se faisait, une nuit
opaque où pleuvait sans cesse une cendre impal-

pable. Les hommes, tremblants de peur, s'étaient enfermés dans les maisons.

Dans cette obscurité qui devait persister pendant cinquante heures, on entendait d'effroyables détonations. A Singapour, on croyait que le volcan des îles Karimon entrait en éruption à son tour; à Saïgon, chacun s'imaginait que des escadres se livraient, dans le golfe de Siam, un effrayant combat. Sur les côtes de Java et de Sumatra, les habitants éperdus attendaient le dénouement. Comment le danger allait-il brusquement se révéler? le sol allait-il s'abîmer? de nouveaux cratères allaient-ils s'ouvrir? Nul n'osait fuir dans les ténèbres; la cendre amoncelée faisait, par endroits, un lit épais d'un mètre, la montagne invisible continuait à tonner; des averses furieuses s'abattaient : nul n'osait fuir. Le péril semblait plus redoutable dans l'intérieur des terres que là, près du rivage où des barques amarrées permettraient, à la minute suprême, le sauvetage : c'est de la mer qu'est venue la catastrophe. Brusquement le cratère du Krakatau s'effondrait; une vague prodigieuse s'enflait et se ruait vers la côte. Dans l'entonnoir que forme la baie de Telok Betong, un mur, haut de trente mètres, venait s'écrouler sur le rivage. Le flot balayait, jusqu'au pied des

UN VILLAGE DE JAVA PENDANT UNE INONDATION.

montagnes, les villages et les jardins; il emportait et abandonnait ensuite dés navires à l'intérieur des terres; il se retirait en laissant une région désolée où des milliers de personnes avaient péri.

Les navires qui se trouvaient alors dans le détroit ne ressentirent rien, la vague énorme les souleva, sans que les matelots qui les montaient aient eu conscience que la mort venait de passer. Dans un phare, haut de 40 mètres, le gardien, isolé dans la nuit, auprès de la lanterne éclairée et impuissante, ne s'aperçut pas davantage que la mer venait de se hausser jusqu'à lui. Lorsque enfin la lumière se fit de nouveau, elle éclaira, de chaque côté du détroit, des pays dévastés et, sur les flots, des bancs épais de pierre ponce que les vagues disloquaient peu à peu. Le volcan lui-même avait changé de forme et de place. Au point exact où s'élevait jadis le pic culminant, un gouffre de plus de 300 mètres s'ouvrait, et des îles nouvelles s'étalaient en face des ruines de la montagne.

Aujourd'hui, la nature a réparé le désastre. Sur les bords du golfe, la végétation a reconquis le terrain, plus forte, plus abondante que jamais, les villages se sont reformés sous les bois de cocotiers; seulement, les maisons européennes se sont un peu haussées sur la pente des collines, de manière sans doute, à s'abriter contre un nouveau cataclysme. La contrée paraît assez sauvage, les terrains cultivés sont peu étendus : ce sont, de place en place, des défrichements, avec, au milieu, de petites huttes ou des miradors de

LES MALAIS CONSTRUISENT, PRÈS DES VILLAGES, DE LÉGÈRES NORIAS
EN BAMBOU, MUES PAR LE COURANT D'UNE RIVIÈRE.

garde. De la ville elle-même, on ne voit que quelques maisons, dont la toiture rouge dépasse le
sommet des arbres. Des embarcations se sont, à

notre arrivée, détachées du rivage ; on voit que le passage des bateaux est ici un événement important ; les Européens, exilés dans ce district, viennent à bord chercher des provisions, des lettres, des nouvelles de la grande ville. Je m'imagine que l'existence à terre doit être semblable à celle que l'on mène dans les petits postes de l'Annam, et ce coin de Sumatra me rappelle Nhâ Trang ou Tourane, la baie de Cam Ranh ou la pointe du Varella.

Nous ne sommes restés à Telok Betong que quelques heures, et nous en sommes repartis pour Engano. Nous avons navigué, sans nous presser, entre les îles qui ferment la baie : ce sont des pyramides de verdure, et, depuis le sommet jusqu'à la base, un écroulement de feuillages dégringole et se reflète dans la mer. Puis, le dernier cap une fois doublé, nous avons continué à suivre la côte à peu de distance. La mer, à cette époque de l'année, est aussi calme qu'un lac. Sur notre gauche, une ligne indécise se profile : c'est Java, dont les derniers sommets s'effacent dans la brume du soir.

Chose singulière, à ce moment seulement, le regret du voyage si vite achevé m'a saisi. Ce pays

que j'ai tant désiré voir et que, sans doute, je ne
visiterai jamais plus, de nouveau mon imagination
le transforme et ma fantaisie l'embellit. Peut-être
n'en ai-je point vu les aspects les plus captivants.
Peut-être eût-il fallu y vivre plus longtemps et
d'une autre manière ; et Java ne livre ses secrets,
ne prodigue ses enchantements qu'à ceux qui lui
sont fidèles et qui se donnent tout entiers. Le
soir vient, le ciel gris et la mer se confondent ;
quelques nuages, d'un rose tendre, flottent dans
l'air ; d'autres, à l'horizon, surgissent, et le soleil,
qui disparaît, dessine des chevauchées fantasti-
ques. Chacun subit le charme de cette heure
exquise. Le bateau coupe les eaux sans bruit ;
des ondes moirées naissent sous l'étrave et s'allongent indéfiniment.

Dans cette tiède atmosphère, dans cette lumière
uniforme et douce, le rêve envahit les esprits.
Ce détroit qui, là-bas, s'évase et s'ouvre largement
vers le couchant, c'est le détroit de Soenda, le
détroit de la Sonde, et ce nom a pour moi une
puissance prodigieuse d'évocation. Dans ces parages, jadis redoutables, où tant de caravelles sont
venues s'échouer aux temps épiques, comment ne
point songer aux expéditions héroïques des aventuriers d'autrefois ! Les beaux vers des « conquis-

tadores » chantent dans ma mémoire. Voici le pays
de l'or et des épices, voici les terres parfumées,
les îles merveilleuses, voici le trésor réservé aux
audacieux. C'est vers ces rivages que cinglaient
les hardis capitaines, et j'essaye de revivre les
jours de triomphe qu'ils ont connus. Sur ces terres, aujourd'hui si pacifiques, au bruit des canons
surannés, ils descendaient de leurs vaisseaux; ils
voyaient fuir devant eux des multitudes bariolées;
des rois s'inclinaient devant ces magiciens, ces
intrépides venus de là-bas, de la région lointaine
où, chaque soir, le soleil disparaît. Et puis, c'était
la conquête des régions fabuleuses, des richesses
accumulées par des princes, fils des dieux. Il me
semble que dans ce temps, la nature, en ces pays,
devait être plus puissante encore, plus enivrante
qu'aujourd'hui; que les hommes lui empruntaient
un peu de sa splendeur et de sa majesté. Peut-
être y voyait-on des êtres et des choses horribles
et formidables. Rien, à coup sûr, ne s'y rencon-
trait de mesquin, ni de laid. Et puis, la conquête
achevée, le butin enlevé, les conquérants par-
taient à l'aventure, sur de frêles vaisseaux, sur
des mers inconnues, cherchant quelque plage nouvelle où de nouveaux triomphes les attendaient.

Je sais bien que la plupart de ces héros ont été

de cruels, d'atroces bandits, que la poésie n'atteignait guère leurs âmes, ni la pitié leurs cœurs. La cupidité humaine se manifestait alors avec une naïve férocité : justice, humanité, tous ces grands mots qui nous séduisent, tombaient dans le silence, et nul écho ne les répétait. Le monde appartenait aux nations chrétiennes : le sol avec ses richesses et les infidèles qui le détenaient. Il n'était point de lien moral : le conquérant avait pour lui la force, et il possédait encore la vérité. Chacun voulait prendre sa part de l'immense domaine dont on voyait, à chaque découverte, les limites se reculer. Dans cette curée furieuse où les peuples d'Europe se disputaient l'univers, chacun, par tous les moyens, gardait sa part, jalousement. Les routes qui conduisaient aux terres nouvelles et que suivaient les lourds galions, nul ne devait les faire connaître. Les cartes grossières, où les navigateurs reportaient tant bien que mal leurs itinéraires, étaient la propriété nationale, et c'était trahison que de les communiquer à des étrangers. Le fouet, la marque, le bannissement, punissaient les coupables ou les imprudents. Ces hommes blancs, que les peuples d'Orient voyaient, chaque jour, débarquer dans leur pays, et qui semblaient les fils d'une même race, se livraient, sur toutes les mers, des combats sans pitié. Devant eux les empires disparaissaient, les civilisations antiques tombaient en poussière, les hommes et les dieux agonisaient.

Cependant, des atrocités commises, le souvenir ne nous trouble plus. Par quel étrange sortilège ces brutes sanguinaires semblent-elles sortir de l'histoire, illuminées de purs rayons? C'est que chacun de nous leur prête son âme. Nous voulons croire que l'idéal les a guidés. Ils habitaient, comme nous, des pays moroses, et l'existence banale ne suffisait pas à leur cœur. Ils étouffaient dans l'étroite prison où leur destin les avait placés, où les préjugés, les intérêts les enfermaient : ils s'évadaient, ils allaient devant eux, toujours plus loin, et toujours ils cherchaient des terres nouvelles, des soleils plus éclatants. Ils avaient rompu leurs chaînes et la liberté conquise les enivrait. Quel est celui, parmi nous, qui n'a point désiré vivre un tel rêve?

Sur le pont où, de nouveau, tout sommeille, je songe, et les heures fuient. C'est le charme des traversées, que ces longues nuits silencieuses, où chacun peut s'isoler et laisser parler ses souvenirs. Ici, sur ce bateau étranger, où les rudes phrases hollandaises alternent avec les syllabes

malaises, douces et chantantes, je me sens plus
seul encore, et le mirage où je me complais ne
s'efface pas. Les visions se succèdent : devant
moi, par delà le bastingage, la nuit opaque s'é-
tend sur la mer. Au delà du cercle étroit où les
lampes jettent leur lueur jaune, un gouffre noir
commence où brillent quelques points d'or. Sur
cet écran, les apparitions naissent, se précisent
et disparaissent. Elles semblent sortir de l'ombre
et s'avancer vers moi. Indéfiniment, d'autres
surgissent. Les paysages si divers que depuis
des années j'ai contemplés se dessinent et se
confondent, et je les peuple à mon gré. J'oublie
ce bateau qui me porte, les escales régulières et
la précision insipide des arrivées et des départs.
Et le sommeil n'interrompt point mes songes. Insensiblement, il m'envahit. Allongé paresseusement dans ma chaise longue, je ne remue pas ; un
souffle d'air tiède passe par instants, comme une
caresse. C'est un engourdissement délicieux,
un bien-être ineffable, une chute molle où la
conscience longtemps subsiste et, doucement,
s'anéantit.

CHAPITRE II

L'île d'Engano. — Benkoelen. — Arrivée à Padang.
— Excursions autour de Padang. — Les mines de Solok.

A bord du *Speelman,* 10 avril.

CE matin, vers dix heures, nous sommes arrivés
à Engano. Nous avons jeté l'ancre dans un
bassin tranquille, que trois petites îles abritent
contre la mer. Une ceinture de brisants où les
vagues écument nous entoure d'un cercle étroit
où l'œil cherche et reconnaît difficilement le chenal qui vient de nous donner passage.

A peine avons-nous mouillé que, de chaque île,
des barques viennent à nous, à force de rames.
Les indigènes qui les montent s'excitent par des
cris aigus. Ils sont à moitié nus et montrent des
corps robustes où des muscles solides font saillie.
Les visages sont énergiques et farouches ; les yeux
enfoncés brillent sous des sourcils épais qui bar-
rent le front étroit ; les pommettes sont saillantes,
les mâchoires fortes et carrées. Une bande d'étoffe
retient les cheveux et encadre le front ; par der-

rière, les boucles rudes s'échappent et retombent
sur la nuque. Ce sont là de beaux spécimens de
brutes et que l'on voudrait voir, peints en guerre,
la lance ou la massue au poing. Ils sont montés à
bord comme s'ils eussent fait l'assaut de quelque
proie facile, avec des mouvements souples d'animaux. J'imagine que lorsque Cook et La Pérouse
abordaient dans quelque île nouvelle, de pareils
spectacles venaient souvent s'offrir à leurs yeux.
Ces sauvages, d'ailleurs, n'ont point d'intentions
mauvaises; ils viennent simplement échanger du
coprah contre du riz. Ils apportent aussi des fruits,
des poissons à l'aspect étrange, hérissés d'épines, et
des coquilles admirables, tapissées de nacre pour-
prée. A l'arrière de chaque barque, un Chinois, le
courtier inévitable dans ces parages, dirige les
mouvements.

Les îles d'Engano étaient jadis assez peuplées.
Il y a cinquante ans encore, les naturels y vivaient
paisiblement, isolés du reste du monde. Ils chas-
saient et pêchaient; ils ne savaient point forger le
fer; ils ignoraient le tabac et l'alcool. Lorsqu'un
bateau s'arrêtait devant leurs villages, ils pra-
tiquaient candidement l'hospitalité : leurs femmes
et leurs filles venaient s'offrir aux étrangers. Ces
coutumes inspiraient aux gens de Sumatra un pro-

DES NATURELS DE L'ILE D'ENGANO VIENNENT APPORTER, A BORD DU « SPEELMAN », DES SACS DE COPRAH
QU'ILS ÉCHANGENT CONTRE DU RIZ.

fond mépris pour de tels sauvages. Ils sont entrés
cependant dans la voie du progrès. Ce sont d'admirables ivrognes et des maris jaloux. Un jeune contrôleur, qui vient de faire une tournée administrative, me dit qu'il n'a pu voir le visage d'une femme.
Il m'affirme toutefois que les filles d'Engano sont
fort belles, et c'est le regret qu'il emporte qui
peut-être les embellit à ses yeux.

La civilisation envahissante a produit encore
d'autres effets. La population diminue d'une façon
effrayante. Les maladies ont causé de tels ravages
qu'il ne reste plus guère que 600 habitants. Quel
est le mal qui décime ces êtres, en apparence si
vigoureux? Nul ne peut me le dire. Les indigènes
croient que des esprits redoutables les poursuivent
de leur haine. Ils ont abandonné la grande île
et se sont réfugiés dans les plus petites, moins
malsaines. Ce sont des corbeilles de verdure qui
émergent à peine au-dessus de l'eau transparente.
On voit tout d'abord une mince ligne de sable,
éclatante comme de l'or, puis quelques touffes de
broussailles, des buissons arrondis et, par derrière,
les tiges serrées et les panaches verts des cocotiers. Je ne distingue point d'autres arbres, et,
sous les palmes, les maisons se disséminent au
bord de la mer.

A notre gauche, la grande île s'allonge paresseusement, la forêt la recouvre en entier. Par endroits, sur la rive, des bouquets de cocotiers marquent encore l'emplacement des anciens villages. A voir de telles contrées, sauvages et magnifiques, j'ai quelque envie de me faire conduire à terre, d'aborder sur ce fin ruban de sable qui forme une ceinture à la forêt et de m'enfoncer sous bois à l'aventure. Je sais bien ce que j'y trouverai : le marécage et le hallier, les épines cruelles, les lianes traîtresses qui vous enveloppent et vous saisissent le pied, et les insectes répugnants, et cependant j'ai comme le regret nostalgique de ne pouvoir satisfaire un tel désir. Est-ce parce que je suis né dans un pays aride et brûlé du soleil? je ne sais, mais j'ai un amour profond de la forêt. Ce manteau épais qui cache le sol, ces masses de feuillage sombre, où s'ouvrent d'étroits passages et d'obscures avenues, m'attirent par leur mystère et leur fraîcheur. Et puis, j'ai, quelque temps déjà, vécu, au milieu des bois, une existence libre et vagabonde, et j'en ai gardé, je crois, comme une maladie qui, de temps en temps, me reprendra.

Nous avons quitté Engano tout à l'heure; nous nous dirigeons vers Benkoelen et nous guettons, à l'avant du navire, la côte haute qui va surgir et, lentement, sortir des flots.

Padang, 20 avril.

Nous sommes à Padang depuis le 12. Nous avons déjà fait une première excursion et nous sommes revenus hier ici pour en préparer une seconde, plus longue et plus difficile.

D'Engano jusqu'à Padang, notre voyage ne nous a pas offert de péripéties émouvantes. Nous avons fait une promenade nonchalante, sur une mer endormie et nous nous sommes arrêtés quelques heures à Benkoelen.. C'est une toute petite ville fort peu animée d'où se détache une route qui traverse Sumatra et conduit à Palembang. Les maisons du quartier chinois s'avancent jusqu'au rivage, et les colonnes grossières, qui supportent les balcons et les vérandas, baignent dans l'eau. En arrière, la résidence et les logements européens s'entourent de vastes jardins, de chaque côté des rues silencieuses.

Au-dessus de la plage une vieille citadelle s'élève, et quelques canons démodés regardent mélancoliquement vers la haute mer. C'est le fort Marlborough, construit, voilà déjà plus d'un siècle, par les Anglais. Ils s'étaient établis là, en 1796, et s'y cramponnèrent désespérément. Les traités de 1814 les avaient obligés à rendre à la Hollande, Java et ses dépendances. On ignorait alors, en Europe, quel merveilleux trésor sir Stamford Raffles venait de conquérir pour son pays. Comme Clive, il avait rêvé de donner à l'Angleterre un nouvel empire; comme Clive, il avait débuté, simple petit employé, dans les comptoirs de la Compagnie des Indes, et, comme Clive, il avait illuminé de son génie, réchauffé de sa flamme les grands personnages qu'il approchait. En 1807, lord Minto, gouverneur général des Indes anglaises, l'avait chargé d'entrer en relation avec les princes malais, à Sumatra comme à Java. En 1811, au moment même où l'amiral Stapford préparait à Malacca l'expédition contre Batavia, Raffles traitait avec le sultan de Palembang, les rajahs de Bali et de Lombok, le régent de Madoera. La défaite de l'armée franco-hollandaise fut suivie presque aussitôt de la soumission aux Anglais de tous les princes indigènes.

Nommé lieutenant-gouverneur de Java, Raffles organisait sa conquête; il continuait, sur de nouveaux plans, avec une énergie et une activité merveilleuses, l'œuvre de Daendels. Le 24 mai 1814, il fut frappé comme d'un coup de foudre : la chute de l'Empire français rendait à la Hollande son indépendance, et l'Angleterre restituait au nouveau royaume toutes les colonies qu'il avait possédées au 1er janvier 1803, hormis le cap de Bonne-Espérance et Demerary. Le retour de l'île d'Elbe ranima, d'une manière inattendue, le courage de Raffles. Il adressa à la Compagnie des Indes une ardente supplique, il s'efforça de faire comprendre quelles richesses on pourrait plus tard faire jaillir du sol merveilleux de l'Insulinde. Ce fut en vain. Il fallut s'incliner, abandonner, le cœur brisé, le domaine découvert et conquis.

Raffles cependant ne renonça pas à son rêve. Benkoelen et Padang avaient été occupés dès 1796; Raffles refusa de les restituer. Toute la partie sud de Sumatra échappait encore à la Hollande, ou du moins ne lui appartenait que nominalement. A 40 kilomètres à peine de Benkoelen, commençait la vallée de la Moesie. Depuis Kepahiang jusqu'au détroit de Banka, un magnifique réseau de voies navigables commençait, conduisait à travers le royaume de Palembang les embarcations innombrables, chargées d'épices, les « tambangans », les « bidars » à huit rames et les « pantjalans », les grandes pirogues creusées dans des troncs d'arbres où prenaient place trente rameurs. Dès 1811, le rajah de Palembang s'était révolté contre la Hollande et, pendant trois ans, les Anglais eux-mêmes s'étaient épuisés en vains efforts contre le prince rebelle, Mahmoed Badder Eddin. Maintenant les rôles allaient être changés; Raffles, établi à Benkoelen pourrait secrètement soutenir les insurgés. Les Hollandais se lasseraient d'une guerre qui ne voulait point finir. Une entente surviendrait peut-être où l'Angleterre trouverait une compensation de l'abandon de Java.

Il s'en fallut de peu que le plan de Raffles ne réussît. En juin 1819, Badder Eddin attaquait Palembang, et la garnison n'échappait au massacre qu'en s'embarquant précipitamment. Deux expéditions successives, parties de Batavia, échouaient devant les fortifications édifiées dans l'île de Gambora. Les rebelles lançaient contre la flotte hollandaise d'innombrables « rackit api », des radeaux chargés de matières inflammables, et les navires de guerre se heurtaient aux estacades qui barraient la rivière. Il fallut pour reprendre Palembang réunir une flotte de cent dix-huit vaisseaux, mettre en ligne quatre cents bouches à feu. Malgré la soumission de Badder Eddin, l'insurrection recommençait bientôt; mais en 1824, un traité nouveau survenait entre l'Angleterre et la Hollande. Celle-ci reprenait Benkoelen et Padang, abandonnait en échange Malacca et les dernières possessions de l'Hindous-tan. Pour la deuxième fois, les projets de Raffles s'écrou-laient ; cet homme intrépide était ainsi voué à une destinée cruelle. Tout n'est pas mort cependant de ce qu'il a voulu créer : au mois de février 1819, dans une petite ile dépendant du sultanat de

Johore, Raffles avait planté le drapeau anglais sur la mosquée de Singapour.

C'est à tout cela que je songe, devant les remparts du fort Marlborough, où des soldats hollandais coiffés du casque à pointe, vêtus du dolman à brandebourgs, m'examinent avec méfiance. En

bas, sur la plage, des coolies chinois déchargent
des marchandises. La mer est basse ; les chalands
sont échoués à quelque distance du rivage, et les
travailleurs, dans l'eau jusqu'à la ceinture, semblent apprécier le charme de ce bain forcé. Des
Malais, accroupis sur leurs talons, regardent avec
indifférence les hommes jaunes qui s'agitent et
manient avec précaution les caisses pesantes. Ils
sont, eux, des hommes libres, et ce métier d'es-
clave leur paraît sans doute méprisable. Sur le
wharf, une multitude bariolée se presse. Un jeune
Chinois, établi à Padang, est venu prendre femme
ici, et c'est le cortège des deux époux qui les
accompagne jusqu'au bateau. Les femmes ont
revêtu des costumes mi-chinois et mi-malais, avec
une profusion d'énormes bijoux ; les hommes, d'un
air important, promènent des vestons d'alpaga et
des chapeaux de feutre. Avec d'infinies précau-
tions, le jeune couple s'installe dans le canot qui
nous a amenés. Notre embarcation s'éloigne, les
ombrelles et les mouchoirs s'agitent avec frénésie.
La jeune épouse, grave, la figure poudrée, les
sourcils allongés et fins, les lèvres peintes, écoute,
avec un sourire contraint, les recommandations
et les souhaits. Et sans doute quelque goujat de la
bande s'est permis des gaillardises un peu ris-

A BENKOELEN : UN GROUPE DE CHINOIS VIENT ACCOMPAGNER A
L'APPONTEMENT DEUX JEUNES MARIÉS SE RENDANT A PADANG.

quées, car elle baisse les yeux d'un air modeste,
tandis que les éclats de rire retentissent.

Jusqu'à Padang, le *Speelman* longe la côte d'assez
près. D'admirables montagnes, le Raja et l'Indrapoera, se dessinent dans le lointain. A mesure que
nous approchons, la plaine qui borde la mer se

réduit à une étroite bande de terre où des bouquets de verdure signalent des hameaux. La haute
chaîne du Barisan se dresse comme un rempart.
Elle projette jusqu'au rivage des contreforts es-
carpés, et des falaises rouges, couronnées de
pelouses vertes, plongent brusquement dans la
mer. Par endroits, la montagne s'éloigne, dessine un rentrant, une gorge bleue et sinueuse,
d'où s'échappe un torrent; on en distingue l'es-
tuaire; une langue de sable s'allonge; en arrière,
les eaux paisibles s'étalent dans une lagune; des
lignes de palmiers s'inclinent et se relèvent sous
le vent; les feuilles souples luisent au soleil. On
suit le changement progressif des teintes, depuis le bleu profond de la mer jusqu'à celui du
ciel, à peine plus clair. Ce sont d'abord les touffes de bambous et les palmes des cocotiers, puis
les grands arbres dont le feuillage plus foncé
s'étale, les larges morceaux d'ombre pleins de
mystère, le rideau tendu de la forêt où des tiges
hautes et blanches s'élancent, plus petites, plus
fines dans l'éloignement, où tout se confond et
s'harmonise, et le fond du paysage est uniformé-
ment violet, plus sombre au milieu du jour dans un
poudroiement de lumière, et vaporeux, indécis,
vêtu de brume, dans l'air du soir. C'est un pays

que l'on juge incomparable, avant même que d'y
mettre le pied. L'incroyable puissance de la végétation, la vie intense qui se manifeste, saisit l'Européen de stupeur. La nature, qui nous offre de tels
spectacles, exerce sur l'esprit une irrésistible fas-
cination. Je conçois que, dans ces pays, l'existence
du sage ou du poète puisse s'écouler dans une
perpétuelle contemplation, que le panthéisme s'y
retrouve au fond de toutes les religions, que le
terme suprême et la suprême récompense soient
l'absorption définitive dans l'impassible beauté des
choses.

Nous n'avons pas débarqué à Padang, mais à
Port-Emma, dans une baie arrondie que l'on
nomme la Baie-de-la-Reine. Elle s'ouvre largement vers le sud, et un éperon montagneux la
protège du côté de l'ouest. A l'endroit où s'allonge
la ligne régulière des quais, s'étendait, il y a peu
d'années encore, un marais encombré de palmiers
d'eau et de palétuviers. Des taches violentes,
jaunes et blanches, salissent les pentes des collines; ce sont les carrières d'où l'on a extrait les
matériaux de construction et de remblais. Au
nord, s'ouvre une trouée où passe le chemin de
fer. Une haute et légère construction métallique
dessine sur le ciel sa silhouette précise et ses

lignes ténues; elle allonge au-dessus de la mer
un bras solide et qui forme comme le fléau d'une
gigantesque balance. Au-dessus, des trains circulent, poussés par de minuscules locomotives
et, par de longs couloirs en tôle, des navires, au-
dessous, s'emplissent de charbon au milieu d'une
épaisse poussière noire.

Quelques minutes de chemin de fer nous ont
conduits à Padang. Est-ce une ville? oui, sans
doute, et la plus importante de Sumatra, mais
combien différente de celles que nous avons l'habi-
tude de voir! Comme Batavia, c'est un parc percé
de longues avenues. Les maisons sont en bois,
élevées sur des pilotis et couvertes en chaume.
Elles sont cependant confortables et point trop
chaudes. L'air circule librement sous les hautes
toitures; le soleil, tamisé par les feuilles, ne se
réfléchit pas brutalement sur le sol, qu'envahit
l'herbe serrée. Au bord de la mer, un jardin
anglais étale ses pelouses jusqu'à la vague qui se
brise et, les jours de grand vent, ravage les par-
terres.

La rivière de Padang, peu profonde, longe le
quartier chinois. Des barques fines y pénètrent,
poussées par la brise qui gonfle les voiles brunes;
elles viennent s'amarrer à quai; elles portent des

LES QUAIS DE PADANG : SUR LA RIVE GAUCHE, DES CASES S'ÉPARPILLENT AU PIED DE COTEAUX BOISÉS.

fruits, du bois, des poissons. Hardiment, elles
flânent le long de cette côte redoutable; les
marins qui les montent sont les dignes fils des
audacieux pirates d'autrefois. Quelques lourds
bateaux, couverts d'une toiture de planches, descendent le courant. Des hommes les poussent
avec des perches : ils appuient le long bambou
au fond de la rivière et ils marchent lentement,
en psalmodiant un chant monotone, les reins
courbés; puis ils se redressent; d'une course
rapide, ils vont, avec des cris aigus, jusqu'à
l'avant de la barque et ils recommencent. Leur
attitude, leurs chants, disent la fatigue, l'effort
misérable et la victoire remportée. Sur l'autre
rive, des cases s'éparpillent au pied des coteaux
et sur les pentes. Sur le bord même de la mer, la
ligne des collines se relève, un petit promontoire
s'avance, couvert de beaux arbres. C'est l'Apen-
berg, le mont des Singes. La rivière en suit le
pied; à l'embouchure, des pirogues dansent sur
les lames, et d'autres, gracieusement inclinées
sous la voile, maintenues par le balancier qui les
accompagne, cinglent vers la haute mer.

Nous sommes partis, le 16 avril, pour le haut
pays. Deux chemins y conduisent; l'un va droit à

l'est, franchit le Soebang Pass à 1123 mètres
d'altitude et redescend ensuite vers le lac de
Singkarah; l'autre longe d'abord la côte, re-
monte la vallée de l'Anei et aboutit à Padang
Padjang, à 773 mètres. C'est le second que suit la
voie ferrée, et c'est celui que nous avons pris au
départ.

Le train, pendant 40 kilomètres, traverse un
pays plat, coupé de larges rivières; la mer est
proche, et des éclaircies à travers le rideau des
arbres permettent de l'apercevoir. Bientôt la montagne se rapproche; nous longeons de hautes
falaises, de couleur sombre. Les villages se pres-
sent au bord des cours d'eau, et la plate étendue
des rizières inondées réfléchit les pics arrondis
et la forêt qui les recouvre. Comme le jour de
notre arrivée, c'est l'exubérance de la végétation
qui nous ravit. Rien, en Europe, ne saurait en
donner une idée. Il y a une infinie variété de
formes et de nuances. La tige souple et le panache
élégant du cocotier alternent avec le maigre plu-
met de l'aréquier, les palmes massives du sagou-
tier; puis, c'est le tronc velu, les feuilles raides,
les grappes de fruits de l'areng et la dentelle
légère et fine du bambou, et les rubans larges et
satinés du bananier, et la multitude des arbres

inconnus, aux feuilles claires où sombres, ternes
ou luisantes, longues ou menues. Puis c'est là,
tout proche, la forêt qui s'accroche et monte le

long des pentes, les troncs rigides ou noueux, les
colosses aux branches étalées, les racines géantes
qui s'implantent dans le roc rebelle comme des
crabes prodigieux, les lianes qui courent, montent
et descendent, projettent, comme une fusée, le
bouquet épineux du rotin. Au pied de la falaise,

dans le marais, des nénuphars et des lotus s'étalent; au-dessus, près du bord, d'autres plantes déroulent des cornets d'un vert tendre, des bananiers sauvages allongent leurs feuilles larges qui se courbent et ploient comme une étoffe lustrée. Dans le bois, les fougères abondent, les unes plaquées contre les branches et d'autres, jaillissant du sol noir avec leurs découpures délicates, leurs teintes pâles, leurs nervures précises; les orchidées pendent, collées à l'écorce qui les nourrit. Une infinité de parasites s'accrochent, se glissent, grimpent vers le soleil; chaque plante a le sien, et chacun d'eux, à son tour, est la victime d'un autre : sur un même arbre, à Tji Bodas, on en a compté plus de deux cents. Du côté de la lumière, c'est un grouillement; les tiges et les radicelles s'entremêlent; une nappe de verdure tombe d'un seul coup : un paquet de cordes vivantes et obstinées, qui s'entortillent, veulent prendre leur part de chaleur et d'air, et chaque plante lutte, s'insinue; les bourgeons jaillissent, des fleurs éclatantes enguirlandent la forêt. Il faut être entré un jour dans quelque défrichement récemment abandonné pour comprendre cette vie féroce de l'arbre. Je me souviens du conte de Rudyard Kipling : « Le village envahi par la jungle. » Cette fan-

taisie est d'une effrayante vérité. A travers le
hallier qui se hérisse, dès que l'homme affaibli a
cessé de lutter, il n'est bientôt plus possible de
passer. Ce n'est pas un jeune taillis qui pousse,
c'est un filet aux mailles serrées qui se forme, un
feutre épais dont les brins s'enroulent, se dérobent devant la hache ou le sabre d'abatis. Les
herbes coupantes se balancent, les dures épines
mordent dans la chair. Sur le sol humide où la
vermine pullule, de nouvelles plantes jaillissent
sans cesse; le feu lui-même est impuissant. Pour
reconquérir le sol, il faut attendre que la nature
ait accompli son œuvre, que la sélection se soit
faite et que, de nouveau, la forêt surgisse du
hallier. Alors, le combat enfin terminé, les plantes
victorieuses se dressent seules, par-dessus la
pourriture des innombrables espèces qui, plus
faibles, ont succombé.

Cette végétation farouche enveloppe encore
Sumatra. Elle forme à l'île comme une ceinture
vivante. Au travers, les torrents découpent des
sillons profonds. L'eau traîtresse mine le rocher;
chaque goutte, silencieusement, fait sa tâche.
Puis, au moment des grandes pluies, les cascades
furieuses se précipitent. Depuis la crête des hauts
plateaux, c'est un tourbillon d'écume qui tombe

et rejaillit; des traînées d'argent sillonnent les pentes, emplissent les fentes et les crevasses, disparaissent et s'élancent de nouveau. La montagne s'écroule par morceaux; des lambeaux de forêts pendent, les arbres géants s'abattent avec le fracas du tonnerre et, joyeuse, l'eau soulève les débris, les traîne et les abandonne pour les reprendre encore. Ce sont des armes qui lui servent et qu'elle projette contre les flancs de la vallée, comme de formidables béliers. Puis, le soleil reparaît. Au milieu des ruines amoncelées, les germes cachés vont revivre; sur le sol fécondé, la forêt va de nouveau s'étendre; elle couvrira de son manteau toutes les traces du désastre et, dans son lit approfondi, le torrent continuera à couler entre deux murailles de verdure.

C'est ainsi que l'Anei s'est ouvert un passage, et le chemin de fer emprunte sa vallée. On pénètre dans les gorges un peu au delà de Kajoetanam. La voie est à crémaillère et la locomotive fume et s'essouffle avec un terrible bruit de ferraille. Elle est à l'arrière du train qu'elle pousse et, de la plate-forme du wagon, nous voyons s'ouvrir devant nous la route sinueuse. La souple rivière s'infléchit; elle va d'un bord à l'autre de l'étroite vallée.

LE CHEMIN DE FER A CRÉMAILLÈRE TRAVERSE LES GORGES DE L'ANEÏ.

L'eau pure et étincelante caresse les galets, s'é-
coule avec une musique chantante, puis, devant
un obstacle soudain dressé, s'enfle, tourbillonne,
creuse un abîme. Des cascades tombent du haut
des falaises : l'une d'elles sort du bois brusquement, à 30 ou 40 mètres au-dessus de nos têtes,
se courbe et s'engloutit dans un bassin dont nous

longeons le bord. Le vent nous renvoie une poussière d'eau ; des prismes de basalte forment, le long de l'escarpement, des cannelures régulières. A plusieurs reprises, la voie traverse le torrent. Quelquefois, elle surplombe et je vois, juste au-dessous du train, l'écume blanche. A chaque coude, un nouveau décor se présente. La première station, à l'intérieur du défilé, montre deux ou trois cases, sur une plage de galets, au milieu des bananiers et des palmiers. Une autre halte est exactement enfermée entre des murs verticaux ; elle est au fond d'un puits, et l'on se demande comment on est entré, comment on va pouvoir sortir ; en avant et en arrière, deux ponts, puis des tranchées, de petits souterrains et, toujours, le vacarme du torrent, le fouillis des arbres qui se penchent sur le gouffre et, là-haut, le ciel bleu où flottent des vapeurs blanches. Le soleil luit sur les feuilles mouillées avec un éclat de métal, il dessine des ombres brutales, et les gerbes d'écume étincellent sous ses rayons.

On nous montre, de place en place, les traces qu'ont laissées les colères de l'Anei. Ce sont des éboulements monstrueux, des tranchées bouleversées et, dans le lit même du torrent, des blocs de maçonnerie, des poutres de fer tordues et dé-

chiquetées, les débris des ponts que le travail
patient de l'homme avait construits et que le
caprice de la rivière a renversés, bousculés comme
des brins de paille. Un an après l'inauguration de
la ligne, les dégâts causés par une crue subite
furent tels que les réparations coûtèrent 600 000 florins. J'ai vu, à Padang, des photographies prises
au lendemain de cette catastrophe. Elles donne-
raient à l'ingénieur d'Europe une réelle impression d'effroi. La voie est emportée sur des centaines de mètres de longueur, la montagne s'est
dérobée sous elle, a glissé jusque dans le lit du
fleuve. Les rails et les traverses pendent; les
éclisses et les tire-fonds les maintiennent unis, et
ils forment ainsi des passerelles qui tendent leur
courbe légère d'un bord à l'autre de l'abîme. Les
murs sont renversés, les ponts détruits, les stations ruinées. Le premier moment de stupeur
passé, on s'est remis à l'œuvre, et, si l'on n'a pu
discipliner le torrent, du moins s'est-on, dans une
certaine mesure, garanti contre ses fureurs.

La traversée des gorges se fait lentèment. De
Kajoetanam à Padang Padjang, la distance n'est
que de 15 kilomètres, mais la voie s'élève, dans
ce court trajet, de 640 mètres. Bientôt la tempé-

rature se rafraîchit, quelques défrichements apparaissent, des hameaux se montrent. Nous traversons l'Anei une dernière fois sur un pont en arc qui domine la vallée; les pentes s'adoucissent, des plantations bordent la ligne et nous arrivons à Padang Padjang.

Padang Padjang est une petite ville construite sur une arête étroite qui forme précisément la ligne de partage entre les deux versants de Sumatra. A vol d'oiseau, nous ne sommes qu'à 30 kilomètres de la côte et sur le bord même du plateau. Ce mot de plateau est du reste tout à fait impropre. Les hauts pays, les « Bovenslanden », forment une surface irrégulière, fortement ondulée, coupée de vallées profondes et dominée par de hauts sommets. Trois belles montagnes se dressent au-dessus de Padang Padjang : le Tandikat et le Singgalang à l'ouest, le Merapi au nord-est. Le climat en ce point serait parfait si les pluies n'y étaient pas si fréquentes. Les matinées y sont très belles, mais dès neuf heures, les vapeurs montent et s'engouffrent dans la vallée de l'Anei. Elles s'élèvent sur le flanc des montagnes; peu à peu, elles dérobent l'aspect de la mer que l'on voyait tout à l'heure étinceler au loin. Leur masse s'étend; c'est maintenant un

lourd couvercle qui s'abat sur le pays et, vers
midi, la pluie torrentielle commence. Elle ne dure
que peu de temps, mais le soleil ne se montre

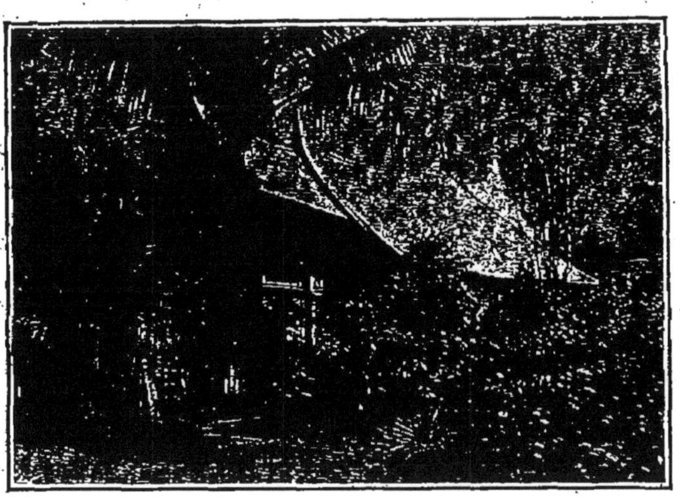

LES MAISONS MALAISES, CONSTRUITES SUR PILOTIS, SONT COIFFÉES
D'UN TOIT RECOURBÉ EN CHAUME ET EN TÔLE.

plus, et la contrée, sous cette lumière grise, avec
ses contours arrondis, la couleur verte des prai-
ries et des bois, offre un paysage uniforme et
terne. où j'oublierais presque que je me trouve
à Sumatra, si je ne voyais devant moi, au milieu
des palmiers et des bambous, la silhouette des
maisons malaises et leurs toitures si caractéris-
tiques.

Ces maisons sont élevées sur de hauts pilotis

elles sont construites en bois et en bambou et, de chaque côté, les extrémités se relèvent, comme la poupe et la proue d'un navire. Elles sont coiffées d'un toit recourbé qui dirige vers le ciel deux hautes pointes effilées, comme des cornes formidables. La façade est percée de fenêtres sans volets et d'une porte protégée par un auvent que soutient une charpente légère. Les murs sont badigeonnés de blanc ou de rouge, avec des dessins noirs et des ornements grossiers, faits de morceaux de verre et de cuivre ou de papier doré. De chaque côté du bâtiment principal, des pavillons symétriques le prolongent. Chacun d'eux présente la même disposition, et sa toiture s'insère sous celle du pavillon central comme une écaille sous une autre écaille. On a ainsi toute une série de toits imbriqués, terminés chacun par des pointes qui menacent le ciel. En avant, s'élèvent les greniers à riz. Ce sont de petits édifices quadrangulaires, portés par des pilotis et surmontés d'un toit analogue à celui des maisons, mais disposés dans un sens perpendiculaire. Les greniers présentent ainsi leur pignon au visiteur qui entre dans la maison. Ils s'évasent vers le haut, si bien que les murs font ventre vers l'extérieur, et l'on prodigue sur les quatre faces les peintures, les moulures et toutes les ressources décoratives de l'art malais.

A partir de Padang Padjang, ces maisons coquettes montrent, de toutes parts, leurs cornes aiguës. Nous ne nous sommes arrêtés que quelques heures et nous sommes repartis après déjeuner. La voie continue à monter. Elle s'élève jusqu'à 1154 mètres pour franchir la selle qui sépare le Merapi du Singgalang. A notre droite, le sol s'abaisse rapidement et, dans le fond, le lac de Singkarah s'allonge, enveloppé de brume.

A partir de Kota Baroe, nous redescendons vers Fort-de-Kock, où nous arrivons vers cinq heures. Il pleut, et nous n'avons d'autre ressource que de nous réfugier à l'hôtel. On y est fort mal. Les meilleures chambres y sont occupées, et l'on nous loge dans une annexe infestée de rats qui, toute la nuit, mènent une infernale sarabande. Des nuages de moustiques tourbillonnent, et ce petit paradis ne me produit pas, tout d'abord, une aimable impression.

Le lendemain, dès le matin, nous avons continué notre route jusqu'à Pajacombo. Nous faisons simplement une première reconnaissance et nous devons revenir ensuite afin d'étudier, plus spécialement et avec quelques détails, les questions qui nous intéressent. Nous traversons d'abord un plateau qui descend vers l'est en pentes très adoucies. Le pays est admirablement cultivé et les rizières s'étendent jusque sur les flancs du Merapi. En arrière, se dresse le Singgalang; la partie supérieure est couverte de bois, mais à la base et jusqu'à mi-hauteur se succèdent les plantations et les villages. Sur une partie du trajet, le chemin de fer suit la route; les rails et la crémaillère s'allongent sur l'un des côtés, et nous croisons des files d'indigènes et de charrettes à bœufs qui se rendent au marché. Puis nous descendons en droite ligne, pendant 7 kilomètres, un véritable plan incliné, une large nappe produite sans doute aux temps anciens par un formidable épanchement de lave; à droite et à gauche, des escarpements calcaires et des falaises de grès ont limité le flot aujourd'hui figé, dont la surface se hérisse de blocs noirâtres. Au bas de la pente, un étroit passage entre deux rochers s'ouvre devant nous et nous débouchons dans la plaine de Pajacombo.

Nous allions à Pajacombo afin d'y voir l'assistant résident et de fixer avec lui notre programme de voyage. Notre visite faite, nous avons aussitôt repris le train et nous sommes revenus à Padang

UN VILLAGE MALAIS AU PIED DE SINGGALANG : LES MAISONS SONT GROUPÉES AUTOUR DE LA MOSQUÉE.

Padjang. En ce point, la voie ferrée se bifurque
et un embranchement conduit à Solok et, de là,
aux mines de charbon de Sawah Loento : c'est là
le but essentiel de notre première excursion. Le
train descend lentement sur une pente fort raide ;
aux stations, des trains de charbon attendent, et,
à leur tour, s'engagent sur la voie, traînés péniblement par de lourdes locomotives à engrenages.
Au-dessous de nous, s'allonge la jolie vallée du
Soempoer, couverte de villages et de rizières.
A notre gauche, le terrain monte régulièrement,
coupé de ravines profondes, et les plantations de
café s'étendent à perte de vue, autour des cases.
La pluie, la pluie obstinée, a recommencé, les
nuages montent le long du Merapi, un voile épais
plane sur les rizières, enveloppe et cache le sommet des montagnes. Nous longeons maintenant
le lac de Singkarah. La vaste nappe d'eau s'étend,
immobile, dans une lumière triste et uniforme. La
pluie cesse, mais la brume estompe tous les contours, et ce paysage qui, sous les clairs rayons du
soleil, doit être joyeux et plein de vie, paraît endormi et morose comme ceux du Nord.

Les hauteurs, qui entourent le lac, ne laissent
entre leur pied et la rive qu'un étroit espace ; des
torrents nombreux en ont sculpté les flancs, et

une infinité de ravines se ramifient dans tous les sens. Les débris arrachés à la montagne par les pluies se rassemblent en d'énormes cônes de déjections, hauts de 50 à 60 mètres et qui se déplacent lentement. A chaque averse, c'est un fleuve de sable et de galets qui descend jusqu'à la voie ferrée et souvent la recouvre ou l'emporte. Un pont très bas franchit l'Ombilien à sa sortie du lac. L'eau merveilleuse s'épanche, incomparablement pure, bleue comme du saphir. Des rochers noirs émergent et, à leur contact, le flot se soulève, toute la surface se plisse comme une étoffe lourde, aux reflets métalliques, aux cassures nettes et changeantes. A l'extrémité du lac, nous entrons dans un vallon à fond plat et nous remontons insensiblement jusqu'à Solok.

Autrefois, le lac s'étendait jusque-là; il se déversait par-dessus le pli de terrain qui s'accuse un peu au delà de la petite ville, et les eaux s'écoulaient par la Lassi avant que quelque cataclysme ou le jeu régulier de l'érosion eût ouvert puis lentement creusé la brèche où se précipite l'Ombilien. Aujourd'hui, la Lassi n'est plus qu'un ruisseau clair qui serpente au fond d'une vallée tortueuse, limitée par des collines arrondies où des cultures dessinent des stries obliques. Les villages s'étalent sur ses bords, et la végétation qui les entoure contraste avec les pentes dénudées. Les rizières s'étagent; elles forment en quelques points des escaliers démesurés où la hauteur des marches est plus grande que la largeur du palier cultivé. Tout en haut, des pointements calcaires surgissent et de hautes falaises se dressent, couronnées de broussailles. Des filets d'eau jaillissent de toutes parts. Quelques-uns glissent sur de longues dalles, s'épanchent en nappes minces, puis se rassemblent dans d'étroites rigoles et tombent avec fracas.

Nous avons couché à Solok et nous en sommes repartis de grand matin. Pendant quelques kilomètres, nous descendons le long de la Lassi, puis, de nouveau, la voie s'élève, une gorge étroite s'ouvre, se rétrécit; un tunnel, long de 800 à 900 mètres, traverse la montagne et nous débouchons dans la vallée de Sawah Loento.

Les gisements houillers s'étendent sur une très vaste superficie, et la vallée de l'Ombilien les traverse dans toute leur longueur. La partie sud seulement est exploitée. Le charbon affleure à une centaine de mètres au-dessus du lit de la Loento, en trois couches parallèles dont la plus

basse a de 6 à 8 mètres d'épaisseur. On l'exploite
par des galeries qui vont du mur au toit. Des
plans inclinés suivent le mur et donnent accès
aux galeries. Le charbon extrait de la mine est
tout d'abord conduit sur une voie Decauville, dans
des wagonnets traînés par des buffles jusqu'à une
distance d'environ 1500 mètres, puis transporté,
au moyen d'une chaîne pendante, jusqu'au hangar
au triage. On le charge ensuite directement dans
les wagons qui le transportent à Port-Emma.

Nous montons péniblement le long de l'étroit
sentier qui conduit à la mine. En haut, des flaques
de boue noire couvrent le sol, et les buffles qui
traînent les wagons y pataugent avec satisfaction.
Ils s'arrêtent à notre vue, l'air effaré et stupide,
la tête basse sous le joug, puis reprennent leur
marche lente, et les pieds larges, posés lourdement, font rejaillir l'eau vaseuse. Nous avons fait
une promenade dans la mine, le col tordu, entre
les murs brillants et noirs. Il régnait dans les galeries une température étouffante, malgré les
ventilateurs, et nous avons revu la lumière avec
plaisir. Les ouvriers, Chinois ou Malais, travaillent
silencieusement. La plupart de ces derniers sont
des forçats, et cette rude besogne ne leur est ni
familière, ni agréable. Le regret du soleil, des

champs lointains, les assiège. Les autres, les Chinois, payés à la tâche, s'acharnent au labeur lucratif. Les baraques où ils sont logés s'étagent sur la rive gauche de la Loento. Les forçats sont groupés sous la surveillance de gradés qui sont, eux-mêmes, des condamnés, mais dont chacun subit l'ascendant et reconnaît l'autorité. Ce n'est pas, du reste, que ces pauvres diables soient difficiles à garder. L'éloignement du pays abat leur énergie; la fièvre, fréquente dans ce vallon peu cultivé, use leurs forces, malgré les soins et l'hygiène, et seulement, de temps en temps, quelque étrange passion allume leur sang, enflamme leur volonté jusqu'au crime.

Malgré le mouvement des trains et, par instants, le fracas venu de la mine, le vallon de Sawah Loento, brûlé par le soleil torride ou cinglé furieusement par l'averse, garde un aspect farouche et hostile. Au delà des cases où s'abritent les forçats, la forêt commence et emplit l'horizon, le pays tout autour est presque désert; les sentiers mystérieux qui le traversent conduisent, à travers un dédale de montagnes hargneuses, de gorges étroites et redoutables, jusqu'au domaine inhospitalier des maîtres du Djambi et du Batang Hari.

De temps en temps, dans cette géhenne peuplée

de forçats, condamnés, eux, les fils et les adorateurs du soleil et des champs radieux, à peiner dans l'ombre souterraine de la montagne, un silence profond se fait et se prolonge : pas un cri, pas un chant. De pauvres hères cheminent lourdement, sous le poids des fardeaux qui les meurtrissent. Tout l'effort de l'industrie n'a pu marquer encore ce paysage de ses traits habituels ; il n'y a là ni activité fébrile et tapageuse, ni gaieté violente ; c'est le morne travail de la mine et le morne repos dans l'exil abominable.

Une grande activité cependant règne sur les chantiers. Bien que le charbon soit d'assez mauvaise qualité, la production et la vente augmentent chaque jour. Actuellement, la quantité extraite atteint 18 000 tonnes par mois et près de 3 000 ouvriers sont employés dans les mines. Ces mines appartiennent à l'Etat qui exploite en même temps le chemin de fer, et un même ingénieur est chargé de diriger l'ensemble des services, y compris les installations de Port-Emma. Nous sommes, à Sawah Loento, à 156 kilomètres du port ; à vol d'oiseau, cependant, la distance ne dépasse pas 58 kilomètres. Aussi, tout d'abord, avait-on songé à relier directement Solok à Padang par le Soebang Pass. On a préféré passer par Padang Padjang, de manière à desservir en même temps la région de Fort-de-Kock et de Pajacombo.

Nous sommes retourné à Solok pour y passer la nuit, et nous avons déambulé paresseusement dans les rues désertes. Ce n'est pas une ville, mais un gros village et, malgré les rizières et les plantations qui l'entourent, le pays, aux environs immédiats, est encore assez sauvage, et la civilisation n'y a pas accompli son œuvre comme à Java.

Les fauves n'ont pas disparu ; nous en voyons au cercle un spécimen, un jeune tigre que l'on a capturé, il y a deux jours. Il est niché au fond du jardin, dans une lourde cage, et, dès qu'il nous aperçoit, il se rue aux barreaux d'un seul bond ; il nous fait le gracieux accueil familier à cet aimable animal. La faim et l'opium ne l'ont pas encore transformé en ce gros matou pacifique que l'on admirera bientôt dans quelque jardin d'Europe. Il est souple et nerveux ; le rein se creuse et les muscles se tendent convulsivement. Les yeux flamboient et les lèvres se retroussent, et un râle caverneux sort de cette gueule ouverte, tandis que les narines frémissent voluptueusement aux émanations de la chair vivante que la griffe voudrait saisir.

De Solok, nous sommes retournés à Padang en passant par le Soebang Pass. La route, à partir du village, serpente d'abord au fond de la vallée, et nous roulons, fortement cahotés, dans des voitures à deux roues, que des petits chevaux emportent d'un train d'enfer. Un brouillard épais enveloppe la contrée et ne se dissipe que lentement. Il ne s'enlève pas d'un seul coup, mais s'éclaircit insensiblement à mesure que nous montons, Le sol l'absorbe et le vent le soulève. Bientôt des coins de ciel bleu apparaissent. Le soleil frappe joyeusement les feuilles et le clinquant dont s'ornent les façades des maisons. Les toits, en chaume d'ordinaire, sont parfois en tôle et forment dans la verdure, lorsque la lumière les touche, des taches éclatantes

Près des cases, au bord des torrents, de légères roues en bois, mues par de petites chutes d'eau, entraînent les pilons qui servent à décortiquer le riz. Le bruit cadencé résonne dans la vallée. Des Malais passent et nous examinent curieusement. Par-dessus la cime des arbres, le lac, au loin, resplendit, sillonné de barques. Nous montons toujours et le vaste cercle des montagnes s'élargit à nos yeux. Tout nous promet une bonne journée, mais nos conducteurs consultés paraissent sceptiques, et leur expérience ne les trompe pas. Bien avant que nous atteignions le col, le ciel s'est de nouveau voilé de nuages. En haut, nous devrions dominer un panorama merveilleux, Padang et la rade, Port-Emma, la mer et les îles. Quand nous arrivons, nous ne voyons à nos pieds qu'un flot de vapeurs floconneuses, que le vent pousse vers nous et qui nous enveloppent bientôt. Nous devions trouver au col d'autres voitures : elles ne sont pas arrivées. Nos chevaux fourbus ne peuvent aller plus loin, et nous nous résignons à continuer à pied notre route. A cette altitude, le vent est désagréable et la pluie froide. Bientôt l'averse redouble et notre promenade s'achève d'une façon désastreuse. Au bas de la côte, nous trouvons enfin les équipages commandés. Le soleil de nouveau se montre : il va nous réchauffer et sécher nos vêtements transpercés. A trois heures après midi, de fort méchante humeur, nous sommes de retour à Padang.

CHAPITRE III

Un hôtel à Padang. — Les habitants des Hauts-Pays. — La
guerre des Padris. — Élégant costume des femmes. — Les
casernes de Fort-de-Kock, — Vie des soldats hollandais. —
Le lac de Manindjoe. — Une excursion au Merapi.

29 avril.

Nous venons de passer huit jours sur les hauts
plateaux et nous nous apprêtons à repartir.
Après notre première excursion, nous ne sommes
restés à Padang qu'une journée. L'existence n'y
est point gaie, du moins pour des étrangers. Les
deux hôtels, celui d'Atjeh et celui d'Orange, sont
deux méchantes bicoques où le confortable est
nul et la cuisine déplorable. Nous étions descendus à l'hôtel d'Atjeh. Un grand pavillon carré,
construit sur de hauts pilotis, s'élève au milieu
de la cour plantée d'arbres. Une immense vé-
randa, meublée de quelques tables et de fauteuils
à bascule, occupe la partie antérieure. La salle à
manger est de l'autre côté, et un couloir y conduit
où s'ouvrent des chambres. Sur l'un des côtés de

la cour, un bâtiment allongé est divisé en compartiments étroits : nous y sommes logés. Les
murs et les cloisons sont en planches, la chaleur
y pénètre et les voix y retentissent d'une extrémité à l'autre. Les rats s'y promènent et semblent
apprécier en gourmets le cuir de nos bottines et
la toile de nos vêtements. L'hôtel est, tout le
jour, silencieux et endormi. Vers cinq heures
seulement, quelque mouvement se manifeste.
Chacun, négligemment vêtu, descend avec lenteur les escaliers raides et se dirige vers les
salles de bain. C'est un défilé assez comique. Les
hommes portent la petite veste blanche et le large
pantalon, en étoffe javanaise, avec de grands dessins noirs sur un fond brun ou bleu. Les femmes
sont drapées dans des sarrongs multicolores qui
moulent candidement des formes abondantes et
trop rarement sculpturales. Le bain est évidem-
ment la suprême distraction. On y va par couple :
la femme marche devant, les pieds nus dans des
sandales, d'une allure hésitante et que le poids de
charmes volumineux alourdit, et, derrière, l'air
important, la serviette sur l'épaule, le mari con-
temple avec satisfaction le trésor de chair blanche
qui le précède et dont il est le propriétaire légitime
et incontesté.

De telles visions ne pouvaient suffire à nous retenir à Padang, et nous avons fait rapidement nos préparatifs de départ. Nous avons décidé de ne pas revenir ici. Nous voulons aller à Deli et Atjeh, mais nous ne pourrions prendre que le bateau du 10 mai et nous préférons continuer notre voyage tout droit vers l'est, de manière à aboutir à Bengkalis, sur la côte du détroit de Malacca. Nous avons quitté Padang le 21 avril, et nous sommes arrivés à midi à

SUR LA ROUTE, PRÈS DE FORT-DE-KOCK, LA RÉGION EST SILLONNÉE DE LARGES FOSSÉS AUX PAROIS VERTICALES.

Fort-de-Kock. C'est la capitale des Hauts-Pays, et la plus grande partie des troupes s'y trouve cantonnée. La ville est bâtie au centre d'une cuvette qu'emplissaient autrefois les eaux d'un lac, et à l'ouest, au sud et au nord, de hautes montagnes ferment l'horizon. Vers l'est, au contraire, une légère ondulation sépare le bassin du Masang de celui du Sinamar et de la plaine de Pajacombo. Le sol fertile est formé de grès récents et tendres où les ruisseaux découpent de profondes entailles et, vers le nord surtout, la région est sillonnée de larges fossés aux parois verticales. Au commencement du siècle dernier, des forêts épaisses couvraient encore les montagnes et les flancs des vallées, et ce pays, plus qu'aucun autre, était favorable à la guerre atroce d'embuscades et de trahisons qui, pendant si longtemps, l'ensanglanta.

Les habitants des Hauts-Pays sont des Malais. A travers le détroit de Malacca, ils vinrent, aux temps lointains et légendaires, remontèrent les fleuves et, dans toute l'île, créèrent une infinité de royaumes que les difficultés du terrain et des communications devaient maintenir isolés. Ici, pendant longtemps, régnèrent les princes du Menangkabao. Leur domination ne fut jamais tyrannique, et l'organisation antique n'a pas disparu. Les indigènes sont groupés par « soukou », c'est-à-dire par clan, ayant chacune son chef et son conseil. Les soukous s'unissent et forment de petites confédérations que l'on désigne d'après le nombre des villages qui les constituent. Il y a ainsi les 50 kotas, les 12 kotas, les 5 kotas. Ces petits États sont gouvernés, soit par un rajah, soit par un Conseil où prennent place les chefs influents des diverses soukous. Chaque soukou est fort jalouse de ses richesses et s'efforce de les conserver. Aussi les Malais vivent-ils sous le régime du matriarcat. Aucun homme ne peut prendre femme hors du territoire de sa « kota »; les enfants appartiennent à la mère et doivent hériter de ses biens. Lorsqu'un homme quitte son village, sa fortune appartient aux enfants de sa sœur.

L'islamisme est l'unique religion, mais les Malais ne sont point des fanatiques. Les guerres religieuses cependant n'ont pas épargné ce pays. En 1803, trois « hadjis » revenus de la Mecque prétendirent rétablir à Sumatra la sainte doctrine dans sa primitive pureté. Bientôt, ils groupèrent autour d'eux des fidèles que leurs paroles et leurs promesses exaltaient. Ils portaient des vêtements blancs, comme en avaient jadis les missionnaires portugais de Malacca, et le peuple les désignait sous le nom de « Padris » ou d'Orang Poetih (hommes blancs). En peu d'années, ils recrutaient une armée de partisans, et un de leurs chefs, comme Mahomet, entreprenait par le glaive l'œuvre sacrée. Bientôt les princes de Menang-kabao étaient assassinés; Bondjol devenait la ville sainte; les Padris vainqueurs étaient maîtres de tous les Hauts-Pays. En 1820, quelques chefs malais venaient à Padang demander contre les Padris la protection des troupes hollandaises et, dès lors, s'allumait une guerre atroce qui devait durer près de trente ans.

Pendant cette période, les hostilités se concentrèrent dans un territoire assez restreint autour de Padang Padjang, Fort-Van-der-Capellen, Fort-de-Kock, Bondjol et Rau. Il serait difficile d'en écrire l'histoire. Il ne fallait pas vaincre une armée, mais un peuple : les soldats sortaient du sol. Les villages étaient des forteresses; de hauts retranchements et des haies impénétrables de bambous épineux les protégeaient. Souvent, entre les hameaux, s'étendaient de longues lignes de tranchées; des palissades se dressaient de distance en distance; le sol se hérissait de « randjoes[1] » aigus. Des ravins profonds précédaient d'ordinaire ces positions formidables. Des fossés et des trous de loups parsemaient le terrain des

---

1. Randjoe, bambou pointu et durci au feu et planté en terre.

attaques ; derrière les parapets, les Padris, intro-
duisant leurs fusils dans de longs tubes de bambou
qui formaient autant de meurtrières invisibles,
tiraient à coup sûr. Tout le système ingénieux
de défense que les pirates d'Indo-Chine em-
ployaient contre nous, était peut-être l'héritage
que les ancêtres des Annamites avaient emprunté,
au VIIIe siècle, aux envahisseurs malais.

Les innombrables épisodes de la guerre des
Padris sont presque tous identiques. C'est toujours la marche difficile dans un perpétuel défilé ;
l'attaque brusque et répétée de positions que l'artillerie de l'époque était impuissante à battre et
qu'il fallait emporter d'un élan meurtrier. L'ennemi vaincu se dérobait, reparaissait bientôt, infa-
tigable. Puis tout se calmait, la paix semblait
renaître, les Malais revenaient à leurs rizières.
Et cependant des paroles mystérieuses circu-
laient, des trahisons se préparaient, et voici que,
de nouveau, l'appel aux armes retentissait et la
guerre se rallumait d'un seul coup.

A la fin de 1832, tout paraissait terminé. Les
postes établis dans la vallée de Bondjol et dans
celle de Rau paraissaient suffisants pour faire
respecter les conventions conclues avec les chefs
malais. Les lignes du Marapalm, à l'est de Fort-

Van-der-Capellen, celles de Matoea, près du lac de Manindjoe, venaient d'être forcées, et les territoires qu'elles protégeaient s'étaient aussitôt soumis. Quelques mois se passent et soudain le bruit se répand que quelques soldats, partis de Bondjol, ont disparu. Le colonel *Vermeulen Krieger*, gouverneur des Hauts-Pays, se rend à Pisang, à 20 kilomètres au nord de Fort-de-Kock, pour faire une enquête. A son approche, les habitants s'enfuient. Pendant la nuit, les soldats inquiets voient, de toutes parts, des feux s'allumer sur les hauteurs : ce sont des signaux qui, de proche en proche, se transmettent. Au matin, de terribles nouvelles circulent : le poste de Bondjol, celui de Loeboe Sikaping sont détruits, les deux garnisons massacrées. Autour de la petite colonne, brusquement, d'innombrables ennemis surgissent et, pas à pas, le colonel fait exécuter, de Pisang à Agam, une retraite mémorable, où, sur cent dix hommes, soixante et onze restèrent sur le terrain.

Le commandant du fort Amerongen, le capitaine Engelbert, appelé à Priaman, s'était mis en route sans méfiance. Dans les villages, il réquisitionnait des vivres et des porteurs. Les visages impassibles des habitants ne manifestaient aucune hostilité. Dans un hameau, cependant, les notables

refusent de rassembler des coolies; ils engagent
Engelbert à se rendre à Loeboe Sikaping où, sans
doute, il en trouvera. Il y court : le poste est en
ruine, les cadavres mutilés jonchent le sol. Engelbert ne perd point courage. Il se jette dans la
montagne; pendant huit jours, il erre avec quelques soldats à travers la forêt. Près d'un village,
une femme l'aperçoit et donne l'alarme. Une nuée
de Padris donnent la chasse à l'Européen; une
meute féroce l'entoure, les soldats indigènes tombent un à un; par miracle, Engelbert n'est pas
atteint. Les Padris s'arrêtent, muets de surprise
et le croyant invulnérable. Sans oser approcher,
ils lui jettent de loin des pierres et des sagaies
et, lorsque enfin il tombe sur les genoux, un des
chefs s'avance, ouvre d'un coup de poignard la
poitrine du malheureux; il arrache le cœur pal-
pitant et le montre : « Le cœur d'un blanc est-il
plus rouge et plus fort que le vôtre? Regardez-le.
Voici des trophées dignes de vous! »

En quelques jours, l'insurrection avait gagné
tous les Hauts-Pays; il fallut plus de dix ans
pour la vaincre. Autour de Fort-de-Kock, dans
tout le district de l'Agam, à chaque pas, les souvenirs se lèvent des exploits jadis accomplis. Près
de Padang Padjang, un monument rappelle la

mort héroïque des défenseurs de Gœgoer Malin-
tang. La garnison de ce poste se composait, au
commencement de 1833, d'une cinquantaine
d'hommes, commandés par le lieutenant Banzer.
Un matin, à l'aube, une multitude de Padris,
rassemblés pendant la nuit, se précipitaient dans
l'ouvrage, avant même que leur approche eût été
signalée. Malgré le désarroi d'une telle surprise,
la petite troupe réussit à s'enfermer dans le
réduit. Toutes les autres constructions brûlaient
et les flammes empêchèrent les Malais de donner
immédiatement un assaut qui eût été décisif. La
situation des Hollandais était cependant critique;
ils avaient des cartouches, mais point de vivres
et point d'eau. Un soldat indigène se dévoua pour
aller porter une dépêche à Fort-de-Kock. A peine
sorti de l'ouvrage, il était découvert par les insurgés; on devait, quelques jours après, retrouver
son cadavre mutilé. Pendant quatre jours, la garnison résista à toutes les attaques. Le soir du
cinquième jour, le commandant se décida à abandonner le poste et à se frayer un passage. Il ne
restait que trente-trois hommes, presque tous
blessés; la faim mordait les entrailles et, ce qui
rendait la situation plus horrible encore, qua-
rante-quatre femmes et enfants étaient enfermés

avec les défenseurs du réduit. Le soir venu, tous
quittèrent la redoute, s'enfoncèrent dans la nuit.
Deux jours après, une forte colonne envoyée à
leur secours recueillait les survivants : un officier, sept ou huit hommes et quelques enfants; le
reste avait été la proie des Padris ou des tigres.
Trois blessés, trop gravement atteints pour suivre
leurs camarades, étaient restés dans le poste. Ils
s'appelaient Schelling, Marien et Sosmito. Au
moment où les insurgés vainqueurs pénétraient
dans le réduit, les trois braves mettaient le feu
aux poudres et s'ensevelissaient avec leurs ennemis dans les ruines du fortin.

Depuis longtemps, cette rude période de guerre
a pris fin. Les Hollandais n'ont pas imposé aux
vaincus des conditions trop dures. Les Malais ont
conservé leurs institutions, leurs chefs et leurs
terres. Ils sont des hommes libres et ils le pro-
clament; ils ne parlent du Javanais, si docile,
qu'avec mépris. Les traités ne leur imposent
d'autre obligation que l'entretien des routes et la
culture du café. Ils s'y soumettent de bonne grâce
et savent en tirer parti. Ce sont des cultivateurs
habiles et des marchands avisés, au point que
les Chinois eux-mêmes ne se soucient pas d'entrer en concurrence avec eux.

Les jours de marché, on voit se hâter sur les routes de longues files d'indigènes. Les hommes marchent fièrement, la tête droite, et leur regard ne se baisse pas, leur aspect ne montre aucune humilité, aucune crainte, lorsqu'ils rencontrent un Européen. Certains tiennent à la main une petite cage, recouverte d'étoffe, ornée de glands de soie, où est enfermé un oiseau, une sorte de tourterelle; c'est le « kati-tiran », le porte-bonheur, le génie familier de toute demeure. C'est lui qui fait réussir les entreprises, qui garantit la famille contre les maladies, les récoltes contre la sécheresse. Sa vertu cependant n'est pas éternelle. Au bout de quatre ans, il perd tout son pouvoir. Avant le terme fatal, son maître le tue et le pleure. Sa dépouille est embaumée; on la place dans la toiture de la maison, au-dessus du foyer qu'il protégea, et l'on se hâte, au marché prochain, d'acheter un autre bon génie.

Les marchés sont toujours très animés en pays malais. Ils attirent autour d'eux une foule bruyante et compacte. Les chariots, traînés par des buffles ou des bœufs, stationnent sur la route et près du fleuve. Sous les larges parasols multicolores, s'entassent des fruits éclatants, des poteries, des étoffes, des gâteaux, des bijoux. Ce fruit énorme

AU MARCHÉ, SOUS LES GRANDS PARASOLS MULTICOLORES, S'ENTASSENT DES FRUITS ÉCLATANTS.

et dont l'odeur abominable traîne sous les arbres,
c'est le doerian; sous l'écorce rugueuse et toute
hérissée de pointes, la chair, blanche, crémeuse,
s'offre; il faut le difficile courage d'oser y goûter.
C'est une fantaisie sadique de la nature que d'avoir
protégé cette pulpe exquise par ce parfum redoutable. Les gourmands audacieux trouvent dans la
première et timide tentative une récompense im-
médiate : je n'ai pas su la mériter.

A côté, voici des mangoustans. Dans une coupe
d'un brun rouge, un morceau de neige s'incruste
et, sous la dent, la chair, fine et glacée, fond, s'éva-
pore, laisse une impression subtile et rare. Et puis,
ce sont les lourds régimes de bananes, les pam-
plemousses avec leurs longues tranches entr'ou-
vertes d'où s'échappent des grains rosés, les noix
de coco brisées où l'amande étale sa nacre, et les
piments écarlates, semblables à des grains de
corail. Sous un arbre, des hommes accroupis regardent, dans leurs cages, des « kati-tiran », dont
le marchand exalte le secret pouvoir. Des femmes
vendent des boissons étranges et des blocs de géla-
tine colorés en noir et en rouge; elles préparent
et distribuent des infusions de « kopidaun[1] »,

1. Daun, feuille — kopi, café.

et les feuilles séchées du caféier, enfilées sur
des brins de bambou, gisent partout sur le sol. Des
paquets de tabac blond s'enveloppent de feuilles
de bananier qui lui conservent sa fraîcheur, et
des enfants découpent les herbes minces et sèches
dont les fumeurs se servent pour rouler leurs ciga-
rettes. Dans les rues, des Malais circulent, tenant
en laisse de gros singes qui vont docilement
cueillir les noix mûres au sommet des cocotiers.

Au travers de la cohue, des femmes se promènent
lentement. Elles portent la longue kabaya et le
sarrong, bordé d'un galon d'or. Leur tête est coiffée
d'un large turban qui s'étale et forme, de chaque
côté, comme deux ailes; les deux bouts pendent
par derrière; une écharpe est posée sur l'épaule
droite, enveloppe la taille, et toutes vont portant,
telles des canéphores, de légers fardeaux, le torse
droit, la tête haute, les pointes des seins rigides
et soulevant l'étoffe souple. Sur les routes, elles
marchent d'un pas alerte, le sarrong retroussé,
montrant une cuisse hardie et provocante. Une
profusion de lourds bijoux couvre les bras, descend
sur la poitrine. Ce sont des bracelets en or mince,
mais de dimensions extraordinaires, de larges tubes
creux, à section triangulaire ou carrée; puis des
diadèmes, des boucles d'oreilles en forme de dis-

UN VILLAGE ENTRE FORT-DE-KOCK ET PADANG PADJANG.

que, des colliers en sequins ou en ambre, des
ceintures ouvragées, des plaques d'or légèrement
bombées qui descendent, comme des écailles, sur
des poitrines arrondies et fermes. Sumatra est
bien le pays des orfèvres célèbres, où Victor Hugo
a fait sculpter la lampe de Zim Zizimi. Près de
Fort-de-Kock, sur les premières pentes du Singgalang, les habitants du village de Kota Gedang
cisèlent patiemment de naïfs joyaux ; ils préparent
aussi les étoffes merveilleuses où le filigrane dessine des broderies symboliques, et leur art subtil
emplit d'admiration et de convoitise les filles coquettes de ce beau pays.

Fort-de-Kock est situé à 930 mètres d'altitude et
la température y est fort agréable. Ce n'est pas que
l'état sanitaire y soit parfait ; les accès de fièvre
n'y sont pas rares. Les médecins hollandais les
attribuent aux innombrables moustiques qui vol-
tigent au-dessus de cette cuvette où les rizières
font, autour de la ville, un immense marais artifi-
ciel. A ce point de vue, Padang Padjang, bien que
situé plus bas, est beaucoup plus favorisé. La raideur des pentes y facilite l'écoulement des eaux
et, grâce à l'abondance et à la régularité des
pluies, les écarts de température sont insigni-

fiants. Malgré les moustiques cependant, les Européens de Fort-de-Kock ont ce teint coloré et cette démarche élastique qui dénotent une santé vigoureuse. La plupart sont ici en villégiature ou en réserve ; les militaires viennent d'Atjeh ou s'apprêtent à y retourner. La garnison est assez forte et les troupes sont installées avec ce confortable simple et ce souci de la vie pratique et normale que j'ai déjà constatés à Java. Les casernes sont de petits bâtiments sans étage et n'ont rien de commun avec les énormes édifices que nous avons construits à grands frais, à Saïgon, Hanoï, Dakar ou Saint-Louis. On est encore, dans nos colonies, sous l'influence des vieilles idées qui dominaient autrefois l'hygiène tropicale. On croyait alors que le paludisme était dû à des germes telluriques et qu'il était indispensable de n'avoir de logements qu'aux étages supérieurs et de réserver les rez-de-chaussée pour les magasins ou les bureaux. Il est bien démontré aujourd'hui que le véhicule du paludisme est une certaine espèce de moustique et qu'il importe peu, pour se soustraire à la malaria, de se loger à 1 mètre ou à 5 mètres au-dessus du sol. Ces vérités, les médecins et les ingénieurs hollandais semblent les avoir, depuis longtemps, devinées. On pourrait compter, aussi bien à Java qu'à Sumatra, les maisons à étages, et, chose curieuse, c'est surtout dans les vieux quartiers, dans l'ancienne Batavia, dont la réputation d'insalubrité fut effroyable, dans les ruelles aujourd'hui désertées de Semarang et de Soerabaja, que l'on en trouve encore quelques-unes.

Ici, chacun estime qu'il n'est rien d'aussi détestable, à tous les points de vue, que de s'entasser dans les compartiments exigus d'une boîte en maçonnerie. Chacun désire avant tout être chez soi, avoir de l'air et de l'espace, un coin de jardin, où l'on puisse aller flâner sans descendre trente marches d'escalier et sans rencontrer de colocataires gênants. Le terrain ici ne coûte presque rien et il n'y a pas de raison pour bâtir tout en hauteur, comme dans les villes d'Europe. Aux Indes néerlandaises, les casernes occupent toujours une énorme superficie ; elles sont établies, non point à l'intérieur même des villes, comme à Saïgon ou à Hanoï, mais à l'extérieur. Les pavillons, très nombreux, sont disposés d'ordinaire sur un terrain en pente douce, parfaitement drainé et coupé de rigoles profondes, cimentées, où court constamment une eau abondante. Il y a de larges pelouses, des bouquets d'arbres ; l'air circule librement ; derrière chaque pavillon, on construit un nombre suffisant de salles de douches : ces locaux qui, chez nous, semblent être accessoires, sont considérés, ici et dans les colonies anglaises, comme essentiels. Il n'y a pas de maison, pas de bicoque, si misérable soit-elle, où l'on ne trouvera, dans une petite salle, aux murs blanchis à la chaux, au sol dallé ou recouvert d'un caillebotis, le bassin cimenté rempli d'eau pure, et le seau ou l'écuelle avec laquelle on s'asperge abondamment.

En dehors des casernes, est bâti le cercle, ou plutôt les cercles, celui des sous-officiers et celui des soldats. Les officiers, de leur côté, vont au club, à « l'Harmonie » dont font partie également les fonctionnaires civils de l'endroit; mais les soldats sont chez eux. Ils ont leurs salles de lecture, leurs salles de jeu et de consommation, leurs jeux de paume ou de tennis, et ils ont encore bien d'autres choses qu'on refuse à nos soldats et qui suffisent à expliquer peut-être que l'état sanitaire soit, aux Indes néerlandaises, meilleur qu'en Indo-Chine et que les troupiers européens y séjournent volontiers six ans, alors qu'en Cochinchine, on arrive à grand' peine à imposer à nos soldats un exil de deux ans.

Le soir, dans les rues, on croise à tout instant de beaux militaires, sanglés dans leur uniforme brun, et tenant chacun amoureusement, par la taille ou par la main, une petite Javanaise, coiffée de mouchoirs éclatants et portant avec vanité une ombrelle de couleur tendre. Dans les casernes, les

PAVILLON SERVANT DE LOGEMENT A DEUX OFFICIERS SUBALTERNES.

femmes circulent librement avec leurs « époux ». Il y a même une cuisine spéciale qui leur est réservée et où elles font cuire de leurs propres mains le repas de leur seigneur. Les chambrées mêmes sont divisées en deux par une cloison. Il y a, d'une part, le dortoir des célibataires et, de

8

l'autre, celui des ménages. Les officiers qui m'ont guidé ont beaucoup insisté sur la liberté qu'ils laissaient ainsi à leurs soldats, liberté qu'ils ju-

UNE CHAMBRÉE DANS UNE CASERNE DE FORT-DE-KOCK.

gent indispensable pour éviter le spleen et... le reste, et je crois qu'ils ont raison.

Ce n'est pas cependant que je veuille préconiser l'application dans nos colonies d'un système identique. Il faut tenir grand compte des caractères et des tempéraments. Ici, les Hollandais se contentent de la vie la plus paisible et la plus mono-

tone. J'ai vu à Magelang un grand nombre d'officiers qui n'avaient jamais songé à aller visiter, à
quelques kilomètres de là, les ruines du Boeroe-

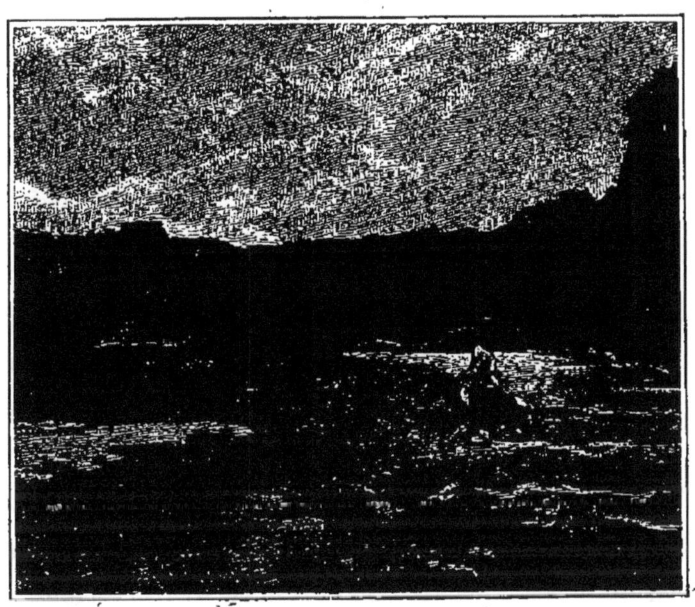

NOUS TRAVERSONS A GUÉ LE SI ANOQ; SUR LES RIVES, DES BLOCS
DE ROCHERS ISOLÉS SE DRESSENT, COURONNÉS D'ARBRES.

boedoer. A Fort-de-Kock, comme à Batavia, comme
ailleurs, on sort fort peu. Les environs pourtant
sont merveilleux, et nous avons voulu voir le lac
de Manindjoe et le cratère du Merapi.

Nous sommes partis à cheval, le 22 avril, au
matin, de très bonne heure. Au sortir de la ville,

nous sommes descendus tout d'abord dans un ravin
profond où coule un affluent du Masang, le Si Anoq.
La rivière serpente au fond d'un fossé large de 200
à 300 mètres, que limitent des murailles blanches,
verticales, hautes de plus de 100 mètres. Cette
vallée s'appelle le Karbouwengat, le Trou-aux-
Buffles. Nous traversons le ruisseau à gué, et nous
en suivons les bords jusqu'au confluent avec un
autre torrent, que nous passons de la même manière. Dans la brume matinale, ces falaises claires,
avec leurs arêtes vives, leurs formes architectu-
rales, font un effet saisissant. Chaque filet d'eau a
sculpté dans le grès tendre une profonde cannelure
d'où s'échappe une chevelure de broussailles. Par
endroits, des blocs isolés se dressent, couronnés
d'arbres. Du sommet du plateau où nous sommes
remontés, nous voyons s'étendre, de part et d'autre,
le capricieux défilé. Il suffirait d'en garder quelques
points, de bouleverser les rares sentiers qui s'accrochent à la muraille vertigineuse, pour enfermer,
dans cette étroite et longue enceinte, toute une
armée. Involontairement, je songe au défilé de la
Hache et à la foule lamentable des Mercenaires.
Ces coupures brutales sillonnent toute la contrée.
Elles dessinent des promontoires, des îlots, que
termine une table verte où des buffles, venus on

ne sait d'où, broutent avec lenteur. Nous descendons bientôt dans la vallée du Masang. Ce ravin formidable précédait jadis les lignes de Matoea. En

VILLAGE SUR LA ROUTE DU LAC DE MANINDJOE. LES TOITS LÉGERS SE DESSINENT ET LEURS BORDS RELEVÉS SEMBLENT PALPITER AU VENT.

face de nous, les bambous et les buissons, qui garnissent les pentes, marquent encore les retranchements que les pluies ont depuis longtemps nivelés. Il y a, près du village de Matoea, un pasangrahan[1] où nous laissons nos bagages et où nous

1. Pasangrahan, gîte d'étape, construit par les soins du Gouvernement et entretenu par lui, c'est le « Bungalow » ou le « Rest House » des colonies anglaises.

devons revenir coucher. Le « mantri kopi », le gérant indigène du magasin de café, nous y attend. Il a loué pour nous des chevaux de rechange, et nous continuons notre route après quelques minutes de repos. Le pays est charmant. A droite et à gauche du chemin, le sol se relève doucement et des coteaux s'arrondissent, couverts de bois à leur sommet. Au pied, des kampongs[1] alignent leurs cases au bord des rizières et, de toutes parts, des toits légers se dessinent; leurs bords relevés semblent palpiter au vent, comme si, tout à l'heure, ils allaient s'envoler. Derrière la crête irrégulière qui ferme l'horizon tout proche, des vapeurs s'élèvent et se répandent de chaque côté. Nous montons toujours : le but semble reculer devant nous et, brusquement, le terrain se dérobe et s'effondre : le lac de Manindjoe apparaît.

Le cirque où dort le lac de Manindjoe est un ancien cratère de dimensions gigantesques. Le lac lui-même a 16 kilomètres de longueur et 8 de largeur. Le rempart qui l'entoure, déchiqueté par les eaux, s'élève à 1 100 ou 1 200 mètres au-dessus de ses rives. La brèche où passe la route et par où nous allons descendre est un des points les plus

---

1. Kampong, village.

LE LAC DE MANINDJOE : LES PENTES DE L'ANCIEN CRATÈRE SONT COUVERTES DE JARDINS, DE VILLAGES ET DE BOIS.

bas, et pourtant le village de Manindjoe baigne
dans l'eau pure ses dernières maisons, à 700 mètres
au-dessous de nous. Les pentes du côté du lac
sont extrêmement raides, creusées de ravins profonds, et le chemin serpente le long de croupes où
les rizières s'étagent, bordées de jardins. Malheu-
reusement le temps est sombre et menaçant. Sur
le lac, s'étend un voile épais de vapeurs. On ne
voit, au sud, qu'une muraille noire, surplombant
des eaux plus noires encore, sur lesquelles pendent des haillons blanchâtres. Des éclairs, par
instants, jaillissent et frappent les parois du
gouffre, et l'on pense au formidable spectacle
qu'offrirait cette enceinte, si des laves étince-
lantes y roulaient leurs flots monstrueux. Vers
le nord, un pâle rayon de lumière illumine des
rizières dorées, des bois de palmiers, les toitures
de tôle blanche des maisons, et la forêt qui se
presse et monte jusqu'à nous. Nous descendons
rapidement, par des raccourcis très raides, où,
malgré le sol glissant, nos chevaux se hâtent,
agiles comme des chèvres. Il n'y a pas de vent, à
peine quelques rides à la surface de l'eau qui
fume ; puis quelques gouttes commencent à tom-
ber. Nous sommes sous bois, dans une ravine
étroite où les feuilles nous fouettent le visage.

Brusquement, la pluie éclate, diluvienne, et nous arrivons à Manindjoe, ruisselants d'eau.

Le contrôleur de Manindjoe[1] avait été prévenu de notre arrivée. L'extrême amabilité de son accueil nous fait oublier bien vite notre mésaventure et, comme nous regrettons le beau paysage que nous venons d'entrevoir à peine dans le brouillard, il nous engage à rester jusqu'au lendemain : au soleil levant, nous jouirons d'un ciel pur et nous aurons ainsi vu le lac en des parures différentes. Nous acceptons. Un domestique court jusqu'à Matoea chercher nos bagages. Nous passons l'après-midi dans un doux farniente, que la longue course du matin autorise. La pluie a cessé. Nous faisons sur le lac une courte promenade en pirogue. Les eaux, profondes et immobiles, ouvrent leurs abîmes au-dessous de nous, si claires qu'en se penchant à la surface, on éprouve cette même étreinte délicieuse que donne le vide ouvert au pied des hauteurs. Le soir vient, un soir adorable, d'un calme exquis ; à peine quelques teintes rougeâtres sur le gris uniforme du ciel. Le lac s'endort dans un silence que rien ne trou-

---

1. Les provinces, à Java et Sumatra, sont administrées par des « résidents », auxquels sont adjoints des « assistants-résidents » et des « contrôleurs ».

ble : pas un souffle de vent, pas un cri, et quelques lumières timides scintillent seules sur les rives, par-dessous la colonnade des palmiers.

Le lendemain, au point du jour, nous avons quitté Manindjoe, presque à regret. Dans ce calme et radieux paradis, cette tiédeur parfumée, quelle amoureuse et douce vie ne pourrait-on mener? Aucun coin de terre encore ne m'a donné, avec tant de puissance, cette impression de tranquille bonheur et de parfait repos. Nous montons doucement; nous sortons bientôt de l'ombre que projettent les grands arbres. A nos pieds, un bois de cocotiers s'étale et, d'un mouvement régulier, les longues palmes se balancent. Le temps est clair, le soleil illumine la montagne et le lac. On voit maintenant la nappe d'eau dans toute son étendue. |La rive sud semble déserte et farouche; la montagne et la forêt dominent immédiatement des eaux profondes où s'avancent des promontoires. En face de nous, une échancrure s'ouvre, comme taillée d'un coup de hache : c'est par là que le trop plein des eaux s'écoule en cascades. Des deux côtés de la porte étroite, deux îlots veillent, deux gardiens. Au nord, au contraire, des champs dorés s'étendent, sur des pentes plus douces, jusqu'à la lisière de la forêt. Le lac s'enchâsse dans la montagne comme un saphir dans un écrin garni de pierreries. A la surface de l'eau, quelques moires s'allongent. Par-ci, par-là, le soleil arrache un reflet au toit de métal des maisons éparses dans la verdure. La route, quelquefois, longe des pentes si raides, que l'on aperçoit, sous ses pieds, directement, l'abîme que continuent les eaux bleues. L'enceinte tout entière se profile sur le ciel. Mais, déjà, des vapeurs blanches s'élèvent; des ombres passent à la surface du lac, dont les eaux deviennent plus sombres Il semble qu'elles frémissent sous la caresse ardente du soleil. Quand nous arrivons au sommet de la montagne, la lumière éclatante accuse, au nord, les teintes claires des rizières, tandis que le sud s'enfonce dans une brume mystérieuse, et c'est un contraste d'une souveraine beauté. Nous donnons à ce tableau incomparable un dernier regard: un vent aigre souffle par-dessus les bords du cratère. Nous regagnons rapidement Matoea, puis Fort-de-Kock. L'orage menace, et, sur le raide chemin qui remonte au-dessus du Si Anoq, nous mettons nos chevaux au galop pour éviter l'averse.

En arrivant à Fort-de-Kock, nous trouvons à l'hôtel un chef indigène, le « Laras » de Soengai

Poear qui, sur la demande d'un de nos amis, s'est chargé de préparer notre excursion au Merapi et de recruter des guides et des porteurs. Le lendemain, à midi, nous sommes partis pour Soengai Poear et nous y avons déjeuné. Le Laras nous a offert un excellent déjeuner, où quelques condiments, des morceaux de viande de cerf séchée et frottée de piment, méritent une mention spéciale. Un de mes compagnons est resté à Fort-de-Kock. Il s'est blessé au pied assez sérieusement et il s'est condamné lui-même au repos. Nous ne sommes donc que deux et nous entreprenons l'ascension à trois heures après midi. Nous sommes à 1100 mètres d'altitude et nous devons passer la nuit dans une hutte à 2000 mètres environ. Le chemin est d'abord assez bon, mais il cesse bientôt, et nous continuons à avancer sur un atroce sentier dont la raideur s'accentue à mesure que nous montons. C'est un escalier aux marches inégales où le pied glisse sur l'herbe mouillée et sur la terre glaise, et nous grimpons, les reins courbés, à travers le brouillard. A cinq heures et demie, nous arrivons enfin au but, épuisés de fatigue. Par une bonne fortune extraordinaire, nous n'avons pas subi l'averse habituelle. La brume s'est dissipée, et nous voyons au-dessous de nous les longues pentes uniformes et dénudées, puis, plus bas encore, les plantations de café qui entourent Soengai Poear et, au loin, Fort-de-Kock dont les lumières s'allument.

Nous trouvons dans la hutte du bois et de l'eau, mais il n'y a point d'huile pour la lampe grossière qui se balance au-dessus du lit de camp. Un homme court en chercher, et je le regarde avec stupéfaction descendre le sentier et bondir comme un chamois, de roche en roche. Derrière nous, le sommet de la montagne se hausse. Il nous domine de 700 à 800 mètres, et le cône violet détache sur le ciel ses lignes régulières, si nettement, qu'il semble se pencher vers nous, tout proche.

La nuit froide s'écoule paisiblement. Avant le jour, je suis debout et je me remets en route. Je suis seul cette fois avec mes guides, car mon compagnon est tellement éreinté de la montée d'hier, qu'il se déclare incapable de me suivre. L'escalade, en effet, est encore plus dure que celle de la veille, et ce qui la rend plus pénible encore, c'est qu'un jeune taillis couvre le haut de la montagne. Depuis longtemps personne n'est passé au travers de cette jungle, encombrée de fougères, de petites lianes traîtresses, d'épines et d'herbes coupantes. Le sentier, par endroits, se perd, et

les guides le recherchent, se glissent à plat
ventre dans la broussaille, ouvrent, à coups de

AU SOMMET DU MÉRAPI : AU MILIEU D'UN PLATEAU PEU ÉTENDU,
S'OUVRE UN PUITS NOIR, C'EST LE CRATÈRE.

coupe-coupe, une percée étroite. Des trous per-
fides criblent le sol; à chaque instant le pied
bronche dans le vide et l'on tombe rudement dans

l'herbe mouillée. Il fait encore nuit. Quelques étoiles scintillent. En nous retournant, nous voyons, par la trouée que nous venons d'ouvrir, des nuages blanchâtres qui flottent sur la plaine. Enfin, au bout d'une heure et demie, nous sortons du taillis. Il n'y a plus, devant nous, que le talus, haut de 200 mètres, où se sont éboulées les ponces et les laves noires qui frémissent et roulent sous le pied. L'escalade, cependant, est vite terminée. Nous sommes maintenant sur un plateau qu'entoure un rempart faiblement accusé ; un second bourrelet se dresse plus loin et, dès qu'on l'a franchi, on domine une cuvette peu profonde au milieu de laquelle s'ouvre le cratère. C'est un puits noir, de 200 à 300 mètres de diamètre, et d'où montent, sans bruit, des vapeurs épaisses. J'en fais le tour. Vers le sud, la lèvre du cratère se redresse et s'amincit ; une pointe aiguë domine le gouffre et l'on y accède par une sorte d'escalier établi sur l'arête même, horriblement étroite. Je monte en m'aidant des mains ; avant d'arriver tout en haut, je m'arrête. De chaque côté s'ouvre l'abîme ; des bouffées de gaz sulfureux me saisissent à la gorge. Les quelques marches qu'il faut franchir encore sont à peine assez larges pour que [j'y puisse poser le pied,

et la terre humide et savonneuse glisse et se
dérobe. Je redescends de quelques mètres et me
repose sur une étroite plate-forme d'où le plus admirable panorama va bientôt surgir devant mes yeux.

Le jour vient. Dans le silence épars autour de
nous, je regarde, au-dessus de moi, le vif scintille-
ment des étoiles, dont l'éclat, peu à peu, s'atténue
et languit. Là-bas, les massifs de verdure noire
s'accusent plus vigoureusement autour des villages, et les lumières pâlissent et s'éteignent dans
les rues de Fort-de-Kock. Une teinte pâle envahit
le ciel. Un souffle de brise emporte les dernières
nuées, la plaine sort de l'ombre et semble monter
vers nous. Voici le réveil : un murmure confus
s'enfle graduellement, et le vent, qui vient de la
mer, pousse vers nous la rumeur des vallées profondes. Le haut sommet qui marque le faîte du
Merapi cache, vers le levant, le cercle de l'horizon
où le soleil rouge va briller. Il paraît : une bande
étroite de pourpre s'allume; au sommet du Singgalang, en face de nous, les arbres se profilent
sur le ciel. Une nappe de lumière blonde s'étale,
descend, envahit les vallons, tandis qu'à nos pieds
de grandes ombres noires emplissent encore les
bois. Au loin, la mer déroule indéfiniment des
eaux tranquilles et dont la teinte s'assombrit peu

à peu. Le rivage s'infléchit, le sable étincelant de la plage précède les massifs de verdure, et la montagne s'élève vers le ciel, toute chargée de forêts. Les gorges de l'Anei s'ouvrent, et le fleuve y trace une éblouissante traînée d'écume. Les maisons de Padang Padjang blanchissent au milieu des pelouses; le lac de Singkarah s'enfonce vers le sud, et les hauteurs de la rive droite paraissent voluptueusement s'étendre sous le clair soleil, tandis que celles de la rive gauche accentuent leurs rentrants sinueux et leurs arêtes brutales. La plaine de Fort-de-Kock, semée de villages, se développe tout entière avec ses rizières, ses ravins frangés de murailles blanches; les eaux stagnantes réfléchissent la lumière comme des plaques de métal, et des ruisseaux scintillent, jettent de rapides et furtifs éclairs. Un cercle de montagnes s'arrondit : le Tandikat, le Singgalang, où des arbres frêles et délicats gardent un étang minuscule, la conque aux bords capricieux où s'enferme le lac de Manindjoe et le dôme de l'Ophir et les montagnes calcaires, les falaises déchiquetées de Pajacombo et, dans le sud, au loin, le glorieux Indrapoera, le géant de l'île, qui précède et domine la redoutable vallée de Korintji. A mes pieds, la pente violacée et sinistre descend, ver-

AU SOMMET DU MERAPI : LE CRATÈRE DE BROMO.

AU SOMMET DU MERAPI : A NOS PIEDS, LA PENTE VIOLACÉE ET SINISTRE
DESCEND JUSQU'AUX PREMIERS ARBRES DE LA FORÊT.

tigineuse, jusqu'aux premiers arbres de la forêt;
des blocs se détachent, roulent, bondissent et
disparaissent sous la voûte ombreuse. De l'autre
côté, s'ouvre la gueule formidable du monstre;
elle vomit, sans bruit, des fumées blanches, et les
parois du cratère sont striées des raies jaunes du
soufre. Cette montagne est sainte et redoutée.
C'est ici, dit la légende, que se réfugièrent les
premiers hommes fuyant devant les eaux dont le
déluge noyait la terre. Les colères du Merapi portent en elles quelque chose de prophétique et de
divin. Quand le feu rouge[1] s'allume au sommet de
la montagne, que les flots de lave débordent, incen-
dient les villages et les plantations, c'est que d'autres malheurs, plus terribles encore, se préparent.
Au temps de la guerre des Padris, les éruptions
étaient, pour les Malais, de sûrs présages de défaite.

Une heure à peine s'est écoulée; il est sept
heures et déjà, sous le soleil, l'orage quotidien se
prépare. Une buée invisible estompe les contours
et atténue les teintes, une gaze impalpable s'étend
sur le paysage. Brusquement, des blocs de nuages
se forment, comme s'ils naissaient d'un seul coup,
avec leurs formes nettes, semblables à de mons-

1. Merah Api, en rouge.

trueux éclats de marbre blanc. Ils s'étendent et se soudent ensemble : c'est l'haleine puissante de la forêt qui les produit. A perte de vue, leurs flots déferlent, plus blancs que la neige immaculée et, sous le vent, des vagues plus sombres s'élèvent et s'écroulent tour à tour. Au milieu de cette mer éblouissante, les sommets des pics émergent comme des îles ; la terre en bas s'est évanouie et le soleil ne brille plus que pour nous. Ce spectacle, il est vrai, n'est pas nouveau pour moi. Je me rappelle mon excursion au Bromo, les vapeurs blanches qu'exhalait l'immense coupe du. Dasar et le cratère où je me suis penché et d'où le râle profond du monstre montait jusqu'à moi. Il faut partir cependant, s'enfoncer dans le brouillard. Après une descente très pénible, nous arrivons, couverts de boue, à la hutte où mon compagnon m'attend paisiblement, et nous continuons à descendre, entrainés par notre poids, les jambes flageolantes et douloureuses. Nous ne nous arrêtons pas à Soengai Poear et nous allons prendre à Soengai Boeloe le train qui nous ramène à Fort-de-Kock.

CHAPITRE IV

Pajacombo. — Les gorges de l'Harrau et de l'Ayer Poetih. —
Kota Baroe et la Soengai Mahé. — Le Kampar et les Lima
Kota. — Le poste de Bengkinang. — Pakan Baroe et la rivière
de Siak. — Siak et le sultan.

Siak, 10 mai.

Nous avons quitté Fort-de-Kock le 26 avril et
nous sommes allés à Pajacombo en passant
par Padang Padjang et par Fort-Van-der-Capellen,
c'est-à-dire en contournant le Merapi par le sud.
Notre promenade s'est effectuée sans incidents,
sur des routes excellentes où nos petites charrettes
roulaient sans heurts, malgré l'allure endiablée
des attelages. Des jardins de café s'étendent sur
les pentes des montagnes, les rizières et les villages s'allongent à perte de vue dans la plaine, et
c'est toujours, jusqu'à Pajacombo, le même aspect
monotone et charmant.

Nous devions partir de Pajacombo le 1er mai;
nous avons dû y séjourner un jour de plus. Le
voyage que nous voulons exécuter est, dit-on,
assez malaisé et nous n'avons pu obtenir sans

difficultés l'autorisation de l'entreprendre. Nous devons traverser des régions qui ne sont pas encore entièrement soumises. Les petits États de la côte est, sont encore presque tous indépendants, et les Hollandais ne veulent pas leur imposer par la force une domination qui leur paraîtrait odieuse. Ils prétendent, au contraire, leur démontrer assez clairement les avantages de l'administration européenne, pour que toutes les tribus, successivement et de leur plein gré, demandent à en jouir. Ceci se produit en effet fréquemment. En ce moment, le rajah de Goenoeng Sahilan vient d'offrir sa soumission à l'assistant résident de Bengkalis. Le Gouvernement hollandais ne l'a pas encore acceptée. En toutes choses, il évite une précipitation qui pourrait avoir comme résultat une guerre longue et difficile à travers des régions malsaines et peu habitées. L'offre du rajah ne paraît pas suffisante; on veut davantage encore : le consentement du peuple. Dans quelques jours, l'assistant résident de Bengkalis ira visiter les Goenoeng Sahilan; il verra les chefs des villages, tâchera de connaître leurs intentions véritables et ne se décidera qu'à bon escient. Ce sont de nouveaux enfants que l'on adopte et non pas des ennemis que l'on soumet.

Cette méthode ne suffit pas toujours. Il y a des

tribus turbulentes et qui font parfois des incursions sur le territoire hollandais. Le fait s'est produit, il y a quelques mois. Les habitants des Lima Kota ont attaqué la maison d'un Européen, un prospecteur, et tué le propriétaire. Il a fallu faire une expédition, d'autant plus que la victime était un Anglais et que le châtiment des coupables pouvait être exigé. Une forte colonne, partie de Siak, a parcouru les Lima

Kota, au mois de novembre dernier, et créé un poste à Bengkinang, sur le Kampar.

Depuis les hauts plateaux, plusieurs routes naturelles conduisent à la côte est. C'est, en partant du sud, la vallée du Batang Hari qui se réunit à la rivière de Korintji pour former le Djambi; puis l'Indragiri dont l'Ombilien, qui sort du lac de Sing-karah, est le bras principal; puis le Kampar; puis, enfin, les deux Taboeng, le Taboeng Kanan et le Taboeng Keri qui s'unissent et constituent la rivière de Siak.

Nous ne pouvions prendre ni la vallée du Djambi, ni celle de l'Indragiri et l'on avait opposé à nos demandes un refus formel. La vallée du Kampar était considérée comme encore dangereuse et, à Batavia, on n'avait pas cru pouvoir nous autoriser à traverser un territoire dont la pacification n'était terminée que depuis quelques semaines. Nous avions décidé, par conséquent, d'atteindre directement le Taboeng Keri à Batoe Gadjah et de redescendre ensuite jusqu'à Siak. Cependant l'assistant résident de Pajacombo nous donna, sur la situation dans les Lima Kota, des renseignements assez bons pour nous décider à changer une fois encore notre itinéraire.

Pajacombo est situé sur le Sinamar, qui est un affluent de l'Ombilien. Le chemin que nous allons suivre doit nous conduire à Kota Baroe, à 45 kilomètres au nord de Pajacombo et sur les bords de la Soengai Mahé qui est un affluent du Kampar. De là, nous devons descendre en pirogue la Soengai Mahé, puis le Kampar jusqu'à Bengkinang et Te-

ratak Boeloe, gagner par voie de terre Pakan Baroe
sur la rivière de Siak et continuer ensuite jusqu'à
Bengkalis.

Pour que cette promenade puisse s'accomplir
sans encombre, il a fallu naturellement prévenir
les chefs indigènes et le commandant du poste de
Bengkinang. Par suite d'un accident, d'ailleurs
assez fréquent, la ligne télégraphique qui relie
Pajacombo à Bengkinang était coupée, et c'est ce
qui nous a forcés à retarder notre départ d'un jour.

Pajacombo est un très gros village, situé au

milieu d'une plaine assez vaste, plantée de cocotiers et parsemée de rizières. Bien que l'altitude
atteigne à peine 500 mètres, le climat y est délicieux. Tout autour se dressent de hautes montagnes et, sur les pentes du Sago[1], au milieu des
plantations de café, on a construit un pasangrahan[2], où les habitants de la petite ville peuvent
faire au besoin une cure d'air frais.

Du côté de Fort-de-Kock, les collines calcaires,
qui enveloppent la ville et la plaine de Pajacombo,
sont criblées d'une multitude de galeries. Nous
avons visité une de ces grottes. En dehors de

1. 2 240 mètres.
2. Voir note 1, page 117.

l'ouverture principale qui y donne accès, deux brèches, en partie masquées par des lianes, y laisent pénétrer la lumière. Des stalactites forment des colonnes et des pendentifs. La voûte capricieuse, tantôt s'élève et se perd dans l'obscurité au-dessus de nos têtes, et tantôt s'infléchit, tandis que le sol se creuse pour remonter de nouveau. La roche, couverte de mousse, a presque partout une teinte verte; le jour glauque qui pénètre jusqu'à nous accuse les arêtes. On entrevoit, au fond des galeries, des clartés vagues; les porches, qui s'ouvrent vers l'extérieur, laissent voir le ciel éclatant à travers le fouillis capricieux des plantes et des broussailles, tandis que des anfractuosités sinueuses s'enfoncent et se reculent dans une ombre mystérieuse. C'est un vrai décor d'opéra comique, et d'une couleur telle que l'on hésite et l'on se demande si ce palais étrange ne serait pas une demeure sous-marine, plutôt qu'une grotte de montagnes.

Les Européens sont peu nombreux à Pajacombo. Il n'y a, avec l'assistant résident, que le lieutenant commandant la petite garnison, un médecin et un vétérinaire. Le Gouvernement a créé, tout près de la ville, un haras. C'est un établissement fort simple, où l'on a évité les constructions préten-

tieuses chères à d'autres pays. Les bâtiments,
construits en bois et couverts en chaume, ont
coûté, au total, 3 000 florins. Il y a vingt-deux étalons de races diverses : sandelhout[1], macassar
ou batak, choisis parmi les meilleurs que produisent les Indes, et leur valeur moyenne ne dépasse pas cependant 300 florins. Les étalons sont
dispersés dans les districts qui avoisinent Pajacombo, et l'étendue de ces districts est calculée
de telle sorte que l'inspection en puisse être faite
aisément en un jour ou deux. Les propriétaires
des juments saillies reçoivent une prime lorsque
les poulains sont beaux et bien soignés. Il n'y a
qu'un seul Européen, un vétérinaire, attaché au
haras. L'établissement tout entier et le personnel
qui y est employé ne coûtent pas à l'État plus de
800 florins par mois. Cette organisation économique
a donné d'excellents résultats; elle n'existe que
depuis deux ans, et cependant il y a déjà, autour
de Pajacombo, 270 poulains de belle venue. Il est
vrai que les Malais de cette région ont toujours
fait de l'élevage et l'on n'a pas eu l'idée saugrenue
de créer un haras dans un pays où il n'y aurait eu

1. Les chevaux de Sandelhout, provenant de l'île de Soem-
bawa, à l'est de Java, sont les meilleurs, les plus grands et les
plus renommés des Indes.

ni pâturages, ni chevaux, ce qui cependant a été tenté, contre tout bon sens, dans d'autres colonies.

Le marché de Pajacombo est l'un des plus fréquentés de tous les Hauts-Pays et nous y avons acheté quelques provisions pour la route. Une foule énorme s'y presse, met dans la ville une animation, une gaieté extraordinaires. Pajacombo est d'ailleurs, de tout Sumatra, le poste le plus recherché. On m'a souvent parlé déjà de la douceur de son climat et de la beauté de ses femmes, et celles-ci jouissent partout d'une réputation voluptueuse et d'ailleurs méritée.

Le 2 mai, à six heures du matin, nous avons quitté Pajacombo. Au nord, la plaine est fermée par un rempart qui s'élève jusqu'à 1 500 mètres de hauteur et qu'il faut franchir pour atteindre le bassin du Kampar. Plusieurs vallées s'enfoncent dans le massif et conduisent au sommet des montagnes. Nous avons fait, l'avant-veille, une promenade aux gorges de l'Harrau, un défilé très resserré entre d'énormes murailles rouges d'où s'élancent des cascades vertigineuses. Nous passons aujourd'hui par la vallée de l'Ayer Poetih[1].

1. Ayer Poetih : Eau blanche.

—LE MARCHÉ DE PAJACOMBO EST L'UN DES PLUS FRÉQUENTÉS DES HAUTS-PAYS.

Des voitures nous conduisent d'abord jusqu'à
Loeboek Bengkoeang, à 12 paals[1] de Pajacombo;
là, nous montons à cheval et nous commençons à

ENTRÉE DES GORGES DE L'HARRAU, PRÈS DE PAJACOMBO.

gravir le raide sentier qui serpente aux flancs de
la vallée. Le terrain est formé de conglomérats
grossiers, où des galets arrondis sont reliés par un
ciment rouge, et de hauts escarpements s'élèvent

1. Le paal vaut environ 1 500 mètres.

10

brusquement au-dessus du torrent. Une multitude
de cascades tombent joyeusement sous le clair
soleil, et leur vacarme, répercuté par les roches,
emplit le ravin. De temps en temps, un léger pont
suspendu franchit l'Ayer Poetih. A mesure que
l'on monte, les talus raides des schistes anciens
succèdent aux murailles de grès. Les falaises
apparaissent encore au sommet des montagnes et
leurs lignes vigoureuses se détachent nettement
sur l'azur limpide. Une végétation assez serrée
monte depuis le lit du torrent jusqu'au faîte. Nous
marchons lentement sur le sentier que les dernières pluies ont fortement endommagé et que des
équipes de Malais sont occupées à réparer. Au bout
d'une heure, nous arrivons au sommet de la montagne. Nous sommes dans le bassin de réception
du ruisseau, une combe ⎡arrondie, où l'Ayer
Poetih serpente paresseusement. Mon cheval, que
j'ai la sottise de mettre au galop sur ce mauvais
chemin, glisse et s'abat sur le plancher humide
d'un ponceau. J'ai la jambe prise sous lui, mon
casque roule au loin dans le ravin, et je me relève
fortement contusionné, avec une longue estafilade
à la jambe et au bras.

Nous nous arrêtons quelques minutes dans une
case, au bord du sentier, dans un endroit que

LES GORGES DE L'HARRAU FORMENT UN DÉFILÉ TRÈS RESSERRÉ
ENTRE D'ÉNORMES MURAILLES ROUGES.

l'on nomme Oeloe Ayer. Nous sommes à 950 mètres
d'altitude. Le col, que nous allons franchir, n'est

plus qu'à quelques centaines de mètres de distance et nous allons redescendre rapidement : à
Kota Baroe, à 20 kilomètres d'ici, nous ne serons
plus qu'à 66 mètres au-dessus du niveau de la mer,
en pleine fournaise. Du sommet du col, nous
apercevons tout d'abord des lignes de collines
successives, dont la hauteur décroît graduellement, puis, au loin, une mer de feuillages, un
océan de verdure sombre qui se déroule indéfiniment jusqu'à l'horizon : c'est l'immense forêt qui
couvre la plaine et que nous allons traverser.
Depuis la pente des montagnes, elle s'étend jusqu'à 250 kilomètres d'ici, jusqu'aux rivages qui
bordent le détroit de Malacca. Nous restons là
quelques instants. Ce morne et sauvage paysage
produit sur nous une puissante impression. Nulle
part, la présence ni l'action de l'homme ne se dé-
cèlent. Pas un défrichement, pas la moindre colonne de fumée : des arbres pressés couvrent le
sol inexploité et, sous leur ombre sans doute, vivent
des hôtes monstrueux. Toute la soif d'aventures,
tout le désir de l'inconnu que chaque homme porte
en lui-même, les souvenirs des lectures anciennes,
les rêves que forgea l'enfance, tout cela ressuscite
en nos âmes et nous étreint. Depuis les siècles
écoulés, cette forêt orgueilleuse a conquis ce do-

maine que nul encore n'est venu lui disputer. Nul
chemin ne la traverse, sinon ceux qu'ont creusés
les fleuves : le soleil, le marais, les fièvres la protègent. Son heure n'a pas sonné, l'heure où les
hommes y viendront porter la torche et la hache,
et j'ai la vision d'un étroit et noir couloir de verdure où les pirogues glissent dans l'ombre et vont
demain nous emporter. C'est là le rêve et mon
imagination le fait plus saisissant et plus sauvage
pour me gâter la réalité.

Nous descendons enfin, par de petits vallons,
sur un terrain de schistes et de diabases, horriblement glissant. Le pays est désert. Dans les
bas-fonds et sur les sommets, la forêt croît vigoureusement. A mi-hauteur, au contraire, de part et
d'autre du sentier, les incendies allumés par les
indigènes n'ont laissé subsister que les broussailles et les hautes herbes. Nos derniers porteurs, en passant, mettent le feu à la jungle. La
flamme rouge court le long des pentes; la fumée
épaisse monte en tourbillonnant, les bambous
éclatent, et nos Malais manifestent une joie d'en-
fant à voir disparaître les traîtres taillis où, le
soir, le tigre s'embusque et vient guetter sa proie.

Des singes innombrables, d'espèces différentes,
peuplent les moindres bouquets d'arbres, et leurs

cris nous signalent et nous accompagnent. Nous
arrivons à Kota Alam, un petit village blotti dans
les palmiers, au bord d'un joli ruisseau qui s'é-
parpille sur un lit de cailloux. Nous sommes
presque exactement sous l'équateur. Le vallon
est fermé par des montagnes qui réfléchissent
les rayons du soleil. Aussi, nous nous reposons
quelques instants dans une case et nous buvons
avec délices l'eau limpide, fraîche et sucrée que
contiennent les noix du cocotier.

De nouveau, au sortir du hameau, nous pénétrons dans un défilé. La Soengai Alam s'est
creusé, dans des grès tendres, une vallée profonde. Des blocs énormes, nettement découpés,
selon des figures régulières, interrompent la ligne
verticale des falaises; les ombres noires, qu'ils
projettent, dessinent de lourdes et colossales
architraves. Des fissures béantes ouvrent des
galeries dans la montagne. Toute une architec-
ture titanesque se tapisse de verdure, sous un
soleil éblouissant. Au sortir de la vallée, nous
débouchons sur un plateau mamelonné, couvert
de broussailles, et un assez bon chemin, sur un
sol rouge et résistant, nous conduit à Kota Baroe.

Kota Baroe est sur les bords de la Soengai Mahé.

Un contrôleur y résidait avant l'expédition des
Lima Kota, et sa maison, très confortable, est éta-
blie à 500 ou 600 mètres du fleuve, sur les premiers
coteaux, à la lisière de la jungle, à l'abri des inon-
dations. Le tigre, le soir, rôde aux alentours et,
dès que le soleil tombe derrière les montagnes,
on entend, au loin, l'appel rauque du fauve chas-
seur.

Nous partons, le lendemain, en pirogues. Le
départ s'effectue lentement. Il est difficile de voir
des êtres plus mous, plus lents au travail que les
Malais de ces régions. Ils semblent unir l'indo-
lence des Orientaux et le flegme des Hollandais,
et l'on trouve, à coup sûr, dans ces pays, les plus
nonchalants des créoles et les plus paresseux des
indigènes. Nous sommes levés dès le jour, mais
il est huit heures lorsque, les bagages enfin rassemblés et portés dans les pirogues, nous pouvons
démarrer. La rivière est large d'une soixantaine
de mètres et roule des eaux rapides et profondes
entre des rives désertes et couvertes de bois. De
temps en temps, un brusque étranglement, un banc
de rochers, provoquent un rapide. L'eau bouil-
lonne et se soulève ; le pilote, d'un coup de barre,
maintient l'embarcation dans l'étroit chenal, l'a-
vant plonge dans l'écume, quelques embruns

rejaillissent, et nos rameurs continuent à nager d'un mouvement cadencé dans un bassin paisible, où l'eau transparente s'endort entre les rochers.

Nous descendons rapidement à travers la forêt; les derniers arbres courbent leurs branches vers le fleuve, et leurs racines viennent y baigner. On ne voit rien au delà de ce premier rideau, rien que les lianes qui s'entortillent et les troncs sveltes qui s'élèvent d'un seul jet. Des bandes de singes dégringolent de branche en branche et nous regardent avancer; puis, pris d'une épouvante subite, bondissent et s'enfuient au cœur des taillis. Le temps est très beau et, dans le couloir où nous passons, une brise assez forte nous fouette et nous rafraîchit. Le ciel bleu luit sur les arbres au sommet des rochers, et de grands aigles rouges s'envolent puissamment, décrivent dans l'air des orbes arrondis et planent au-dessus de nos têtes.

Vers midi et demi, nous arrivons à Moeara Mahé, au confluent de la Soengai Mahé et du Kampar. On nous dit que nous pourrions aller coucher le soir même à Bengkinang, mais les appréciations varient du simple au triple en ce qui concerne les distances. Certains nous affirment qu'il suffit de trois heures; d'autres prétendent qu'il en faut dix. Dans de telles conditions, il

vaut mieux attendre à demain. D'ailleurs nos
bagages ne sont pas encore arrivés, nous n'avons

LA RIVIÈRE SOENGAI MAHÉ : DE TEMPS EN TEMPS, UN BRUSQUE
ÉTRANGLEMENT, UN RANG DE ROCHERS, PROVOQUENT UN RAPIDE.

pas mangé, et c'est une opération qu'il convient
de ne pas négliger.

Sur la berge du fleuve, une misérable cahute
se dresse, entourée d'une haute palissade en bambous. Le toit est en chaume, le plancher en bois,
les parois en écorce. A l'intérieur, deux lits grossiers faits de madriers à peine équarris reposent
sur des chevalets. Une épaisse poussière couvre
les murs et le plancher, et des insectes variés s'y
promènent, qu'il faut d'abord déloger. Chacun

s'emploie à cette chasse, et nous traquons pendant quelques instants un monstrueux mille-pattes, dont le cadavre, mesuré tout à l'heure, est long de 22 centimètres.

J'essaye, le soir, d'aller à la chasse, bien que les contusions dues à ma chute d'hier soient encore fort douloureuses. Derrière la case, passe le chemin qui mène à Batoe Bersoerat et de là à Batoe Gadjah sur le Taboeng Keri et je le suis pendant quelques kilomètres; la jungle épaisse couvre la contrée, et je ne trouve pas un sentier, pas une piste qui y pénètre. Je ne sais si le gibier est rare ou s'il abonde; mes guides m'affirment qu'il y a des cerfs et des sangliers en grand nombre. L'heure dans ce cas est mauvaise, ou bien ne me conduisent-ils pas dans les endroits les plus favorables. Je ne vois ni n'entends rien. Un silence profond plane sur la forêt, et je rentre, ruisselant de sueur, sans avoir tiré un coup de fusil.

Le départ, le lendemain, s'est effectué plus lestement que le premier jour. Nous traversons tout d'abord le Kampar, pour prendre pied immédiatement sur l'autre rive. Il y a, au confluent même, un rapide ou plutôt une chute que les piroguiers ne veulent pas franchir sans avoir tout d'abord déposé leur chargement. Il faut donc transporter

nos colis au pied du rapide. Nous y trouvons une
pirogue assez coquette, pontée et couverte à l'arrière d'une toiture légère. C'est le contrôleur de
Bengkinang qui nous l'envoie. Les autres barques, hardiment manœuvrées, passent comme des
flèches à travers les rochers où l'eau furieuse
écume et rejaillit; elles viennent se ranger près
de la rive, et de nouveau, nous repartons. C'est
le même paysage qu'hier, la même succession
d'étranglements et de paliers. Bientôt cependant
la vallée s'élargit, les eaux deviennent plus tranquilles, mais une ligne de collines se dresse
encore devant nous, puis une autre encore, et le
fleuve, pour les franchir, se gonfle et, rageuse-
ment, fouette les rochers.

Ce sont les dernières vagues de l'océan de
montagnes qui vient mourir tout près d'ici, à
l'entrée de l'immense plaine. Nous changeons de
rameurs à Poelau Gedang. Il y avait là, près du
hameau, un poste, établi au moment de l'expédition des Lima Kota et qu'on a abandonné après la
création de Bengkinang. Il n'en reste plus que
quelques cases misérables et, au bord du fleuve,
un petit pavillon, où le commandant venait sans
doute, le soir, respirer une brise hypothétique.
C'est auprès de Poelau Gedang que résidait l'Eu-

ropéen, que les gens des Lima Kota ont assas-
siné, l'année dernière. C'était un prospecteur
envoyé à la recherche de vagues mines d'or. Il
était, paraît-il, violent et débauché, ce que les
Hollandais expliquent fort simplement par ce fait
qu'il était Anglais. Il a été attaqué, la nuit, dans sa
maison et littéralement haché à coups de coupe-
coupe.

En aval de Poelau Gedang, nous suivons encore,
pendant 1 ou 2 kilomètres, le pied des collines et
nous débouchons dans la plaine. Je m'attends à
trouver, de part et d'autre, cette forêt farouche et
majestueuse dont je suis amoureux. Mais ce ne
sont, le long des berges, que de petites ondulations herbeuses, et la lisière du bois se recule de
chaque côté, de telle sorte qu'on aperçoit à peine,
de place en place, la cime des arbres. Nous fran-
chissons la limite des Lima Kota, et le premier
village apparaît.

Les Lima Kota sont une confédération de cinq
districts, ceux de Koeok, Salo, Bengkinang, Air
Tiris et Roembiô. Le plus grand de ces districts,
celui de Bengkinang, est peuplé d'environ 4 000 à
5 000 habitants. Dans chaque hameau, les cases
sont construites au bord du fleuve et se disper-

sent le long d'une étroite bande de terre, plantée
de cocotiers. En arrière, les Malais cultivent de

DANS CHAQUE HAMEAU LES CASES SONT CONSTRUITES AU BORD
DU FLEUVE.

misérables rizières et, au delà, la forêt s'étale
indéfiniment. Il y a, dans chaque village, un cer-
tain nombre de « datoes », de nobles qui jouis-

sent d'une influence relative et, si ce n'étaient
les querelles fréquentes avec les kotas voisines,
les gens de ces pays vivraient dans un état assez
enviable d'insouciante anarchie.

A Salo, nous rencontrons le contrôleur et le capitaine de Bengkinang, venus à notre rencontre, et,
à une heure, nous arrivons au poste. Sur la berge,
s'alignent la maison du contrôleur, puis celles du
docteur, du lieutenant, du capitaine. Toutes les
cases, construites sur pilotis, à 2 mètres environ
au-dessus du sol, sont assez confortables, mais les
hommes sont nichés plutôt que logés dans des
huttes fort misérables. Les soldats indigènes
demeurent dans des cases malaises et, comme
certains sont mariés, on a aménagé pour eux, au-
dessous des maisons, à même le sol, de petits
réduits, horriblement bas et étroits, où ils paraissent se plaire et où beaucoup d'animaux refuse-
raient obstinément de vivre. Ce n'est là du reste
qu'une installation provisoire et que l'on se
préoccupe d'améliorer.

Presque tous les officiers sont mariés et, malgré l'isolement de ce poste, malgré l'état du pays,
leurs femmes les ont courageusement accompagnés. La vie n'y est pas gaie sans doute, mais
chacun l'accepte sans se plaindre et, comme l'état

moral est bon, l'état sanitaire est satisfaisant.

Notre arrivée est un assez gros événement. On nous a logés, tant bien que mal, dans une chambre minuscule, et c'est avec raison, sans doute, qu'on ne nous a pas cédé d'appartements plus confortables, puisque nous passons, nous, et que les autres restent. Nos deux lits, collés à la cloison d'écorce, occupent en entier notre réduit, et le soleil, qui pénètre par de larges fissures, en fait une horrible fournaise où, pendant la sieste, nous gisons sur les nattes, la tête brûlante et le sang surchauffé battant furieusement dans nos artères. Le soir, fort heureusement, un orage éclate avec une violence inouïe; les nuages poussés par la rafale crèvent et déversent un véritable déluge. La température, rafraîchie par l'averse, nous permet de prendre part, sans trop de fatigue, au copieux et long dîner que nous offre la garnison de Bengkinang.

Le lendemain et le surlendemain, nous continuons à descendre le Kampar. Le fleuve décrit de nombreux méandres à travers un pays plat et d'une désespérante monotonie. De temps en temps, un bouquet de palmiers abrite sur la rive quelques cases disséminées, puis c'est la forêt, assez maigre, coupée de pelouses marécageuses où paissent des troupeaux de buffles. L'eau paresseuse contourne des bancs de sable, où des caïmans ont laissé de longues traces; mais c'est en vain que je cherche à voir et à tirer un de ces répugnants animaux. Lorsque nos rameurs nous demandent à prendre un peu de repos, nous accostons près d'un hameau. Les Malais nous regardent avec curiosité, mais sans manifester le moindre sentiment hostile.

Il nous est impossible cependant d'acheter des vivres. Nous espérions trouver des œufs et des poulets; il faut nous contenter de conserves et de riz. Nos domestiques nous préparent une horrible nourriture, dont le riz et l'huile de coco sont les éléments essentiels et que nous absorbons cependant, grâce à une abondante addition de piment. Chacun de nos repas allume ainsi une soif infernale, que nous n'osons étancher avec l'eau bourbeuse de la rivière.

Nous avons passé la nuit du 5 mai dans la maison du rajah de Tambang. Ce haut personnage est absent; il est parti depuis quelques jours pour Siak; mais à en juger par le palais qu'il habite, ce n'est point un de ces fastueux monarques dont les conteurs ont peuplé l'Orient. Sa maison ne diffère en rien de celles de ses sujets. C'est une case fort étroite et fort sale. Nos quatre couchettes, car le contrôleur de Bengkinang nous accompagne, sont placées dans l'unique chambre qu'elles emplissent complètement, si bien que nous devons nous coucher et nous lever à tour de rôle. En avant de la maison, se trouve le « baley-baley », une estrade couverte, où se réunissent, les jours de grand Conseil, les « datoes » de Tambang. Sur la berge, une pancarte, clouée au tronc d'un cocotier, porte, en langue malaise, le nom et le titre du seigneur de ces lieux.

Le 6 mai, à une heure après midi, nous sommes arrivés à Teratak Boeloe. C'est de ce village que partent tous les bateaux qui vont approvisionner les Lima Kota et les Goenoeng Sahilan. L'entrée du Kampar est, en effet, fort difficile pour les jonques qui viennent de Singapour. La rivière est encombrée de bancs de sable mobiles et la marée montante y détermine un mascaret fort dangereux. Aussi est-il rare qu'un bateau se hasarde à franchir la barre. Tout le commerce se fait par la rivière de Siak qui est aisément navigable jusqu'au confluent des deux Taboeng.

Les marchandises sont, d'ordinaire, débarquées à Pakan Baroe et transportées ensuite à dos d'hommes jusqu'à Teratak Boeloe. Nous allons suivre, le lendemain, la même route en sens inverse. Le village est assez animé et nous y recrutons sans peine des porteurs. Le 7, au lever du jour, nous prenons congé du contrôleur de Bengkinang, qui regagne son poste, et nous nous préparons à partir. L'étape n'est pas très longue, 20 kilomètres seulement, mais nous voudrions arriver avant qu'il fasse trop chaud. Nous nous efforçons de réunir nos coolies; ils arrivent un à un, sans se presser, et chacun choisit sa charge. Ce sont des querelles interminables et qui ne se règlent pas avant huit heures du matin.

Nous voyons enfin disparaître le dernier d'entre eux, portant sur sa tête, en maugréant, la plus lourde de nos valises, que les plus malins lui ont laissée. Nous quittons à notre tour Teratak Boeloe. Pour gagner un peu de temps, nous partons tout d'abord en pirogue. Nous suivons, sur de minuscules embarcations, un arroyo, une étroite coulée qui s'enfonce dans la forêt inondée. Nous allons ainsi pendant 5 kilomètres, sous un berceau d'arbres et de lianes. Le passage est large à peine de 3 à 4 mètres. Des troncs noueux s'avancent au-dessus de l'eau et nous courbons la tête et le corps pour les éviter. Les rameurs manient doucement leurs pagaies; à droite et à gauche, l'œil

plonge sous une voûte obscure où des colonnes
pressées, de toutes dimensions et de toutes formes,
jaillissent du sol que recouvre une nappe crou-
pissante. Un silence complet règne dans le bois.
On n'entend ni le chant d'un oiseau, ni le cri d'un
insecte. La pirogue glisse sans effort sur l'eau
noire. Par places, un jet brusque de lumière
éclaire devant nous les vêtements multicolores
des rameurs qui conduisent la première barque,
et le lit de l'arroyo, couvert de mousses vertes, a
des reflets de velours. Puis de nouveau, nous ren-
trons dans l'ombre. Le même et fantastique décor
se déroule sans bruit. Un monde surhumain nous
entoure et toute vie réelle en est absente. Il nous
semble que le village à peine quitté est maintenant séparé de nous par une immense et morne
étendue. Cet empire n'est point le nôtre : c'est
le domaine de la plante, et les hommes, isolés
dans ce désert de verdure, subissent, sans parler,
l'incomparable majesté de la forêt souveraine.

Nous marchons maintenant sous le lourd soleil.
Les herbes dures bruissent sous nos pas et nous
fouettent le visage. Des deux côtés, les incendies
répétés ont couvert le sol du squelette noirci des
arbres. La flamme, un instant allumée, n'a pas
étendu bien loin ses ravages. Elle est venue

mourir au pied de la muraille qui se dresse dans le bas-fond, et là-bas, la sève gonfle les branches, les rameaux verts s'étalent, soutiennent et laissent retomber le manteau éployé des lianes. Le sentier, coupé de molles ondulations, s'élève un instant sur une crête, descend de nouveau et s'enfonce dans la forêt. Des troncs abattus gisent dans la fondrière, à moitié noyés dans la boue épaisse et fétide. Le pied hésite et tâtonne et, d'arbre en arbre, cherche un point d'appui solide. C'est un rude exercice qu'une marche pareille par l'écrasante chaleur. Pas un souffle d'air n'agite les feuilles. Une buée chaude flotte sur le sol.

Des indigènes nous croisent, marchant pesamment et portant sur leur tête de lourdes charges. Nous nous reposons auprès d'une case, à la lisière du bois, sous de hauts palmiers. Nos guides nous apportent des noix de coco. D'un seul coup de leur coupe-coupe, ils détachent une rondelle de pulpe verte, mettent l'écorce à nu; à l'intérieur, l'eau transparente paraît plus claire encore, car la nacre blanche de l'amande s'y reflète et nous buvons à longs traits, insatiables, l'exquise et fraîche boisson.

Nous repartons; au détour du sentier, nous voyons, à travers les hautes herbes, un groupe de voyageurs se hâter vers nous. L'un d'eux porte le casque blanc des Européens, c'est le contrôleur de Siak qui vient à notre rencontre. Nous tou-

chons au but et, du haut d'une petite éminence, nous dominons les rizières qui entourent Pakan Baroe.

Le village se réduit à une rue perpendiculaire au fleuve. Les pilotis qui portent les maisons baignent dans la vase fluide que la marée submerge, et la rue elle-même est couverte d'un plancher qui s'étend jusqu'à l'appontement.

Pakan Baroe est un marché important; il s'y
fait un assez gros commerce de produits fores-
tiers, et ce commerce est presque entièrement
accaparé par des Chinois. Il y en a dans toutes
les maisons, les uns fumant paisiblement leur
longue pipe, et d'autres fort affairés, occupés à
mille besognes. Quelques-uns, près du fleuve,
pétrissent avec leurs talons des boules de gutta-
percha; ils se cramponnent des deux mains à des
cordes fixées à la toiture d'un hangar et se balancent, d'un mouvement ridicule et précipité.

Une chaloupe à vapeur nous emporte vers Siak.
La marée monte et nous allons lentement, à
contre-courant. La rivière offre un contraste
frappant avec le Kampar; ce ne sont plus les capricieux méandres, les bancs de sable, les berges
d'argile jaune constamment minées par le courant; la rivière de Siak coule tout droit vers la
mer; l'eau, très profonde, est fortement teintée
en brun par le tanin des racines qui s'y plongent.
La forêt couvre les rives, descend jusqu'au fleuve
où elle baigne, et une ligne de roseaux et de pan-
danus la précède, à moitié noyée sous les eaux.
Le sol infertile et jaune n'apparaît nulle part; pas
un rocher, pas une île; la rivière ouvre à travers
le bois une avenue majestueuse.

Les arbres se reflètent dans l'eau calme avec une surprenante netteté. Le paysage tout entier n'offre que trois couleurs : le brun rougeâtre de l'onde, le vert sombre de la forêt, le bleu intense du ciel. Le temps est très pur. Le soleil baisse rapidement ; une traînée de flammes court sur le fleuve où notre sillage s'enfle, s'illumine et chatoie. Devant nous, la lune se lève ; la rivière roule maintenant des flots d'argent ; le brouillard flotte, enveloppe amoureusement les arbres qui frémissent sous la brise tiède venue de la mer. Vers onze heures, dans le lointain, quelques lueurs piquent, au ras de l'eau, des points rouges. Nous avançons dans une lumière blanche, uniforme et qui baigne la ville, le fleuve et la forêt endormis.

Le sultan de Siak fut jadis un puissant souverain. Son autorité s'étendait, il y a deux siècles, sur Asahan, Langkat et Deli. Le descendant de ces princes illustres nous a montré, sous une sorte de hangar, les tombes de ses ancêtres, dont l'un, Ahmed le Grand, a subjugué même le formidable royaume d'Atjeh. Il ne règne plus aujourd'hui que sur la région misérable et presque déserte qu'arrosent les deux Taboeng.

Depuis quarante ans, les Hollandais ont pris pied

dans son royaume ; ils possèdent, en toute propriété, l'île de Bengkalis et ils perçoivent, pour
toute la contrée, les droits de douane. Le sultan
a conservé cependant l'autorité souveraine sur
les 8 000 ou 10 000 Malais qui peuplent ses États. Il
est vrai qu'il ne perçoit aucun impôt, qu'il n'inflige
pas à ses sujets la moindre corvée. Ses revenus
se-bornent à la pension que lui sert le Gouvernement hollandais et qui, pour lui et les princi-
paux dignitaires de la cour, s'élève à 14000 florins par mois.

Il habite un palais rococo, bâti à la mauresque,
à quelque distance du fleuve, dans un jardin. Le
mobilier, fabriqué par quelque maison allemande,
est du plus parfait mauvais goût; dans le salon
d'honneur, des fauteuils de cristal, recouverts de
coussins de velours rouge, réfléchissent en tous
sens la lumière criarde qui pénètre par de larges
baies, garnies cependant de lourds rideaux. Des
photographies du sultan ornent les murs; il est
représenté dans des costumes européens; il porte,
les jours de cérémonie, une tenue d'officier général, garnie d'une profusion de broderies. Il est
allé, il y a quelques années, en Europe, et s'est
fait portraicturer dans chaque capitale qu'il ho-
nora de sa visite. Il a gardé de Paris un souvenir

ému; il me parle des promenades qu'il y a faites
et des femmes exquises qu'il y a rencontrées, et
sans doute ses relations féminines ont-elles été

LE SULTAN DE SIAK HABITE UN PALAIS ROCOCO,
BATI A LA MAURESQUE.

choisies quelquefois par des cicérones un peu
naïfs, car il se plaint de n'y avoir pas toujours
trouvé un entier désintéressement. Je lui demande s'il ne compte pas faire avant peu un
nouveau voyage en Occident, mais il soupire et
m'expose le triste état de sa fortune qu'il compare
aux revenus prodigieux de ses cousins de Langkat
et de Deli. Il espère qu'un jour, enfin, quelques

colons aventureux feront jaillir du sol ingrat qu'il possède des plantations merveilleuses ou des mines inouïes, et ce jour-là, ses richesses accrues lui permettront de mener la vie qu'il rêve. Aussi favorise-t-il de tous ses efforts les essais et les entreprises du Gouvernement hollandais.

Jusqu'à ce jour cependant, tous les essais ont été vains, et l'alliance ne profite guère qu'au sultan ; mais les Hollandais estiment qu'ils ne payent point trop cher leur souveraineté pacifique : ils sont les maîtres incontestés d'un domaine dont les fruits, tardifs peut-être, ne mûriront que pour eux.

Siak en ce moment est en fête. Le sultan marie deux de ses nièces, et des visiteurs nombreux sont accourus de tous les petits États dispersés sur les côtes de Malacca et de Sumatra. La ville est bâtie sur la rive gauche du fleuve, c'est un gros village dont les habitants ne vivent que des produits de la forêt et des largesses du souverain ; le contrôleur et le lieutenant qui commande la petite garnison sont installés sur la rive droite au milieu d'un défrichement peú étendu, et la jungle vient battre de ses flots l'enceinte étroite des maisons.

Nous avons reçu chez le contrôleur la plus gra-

LE SALON DU SULTAN EST MEUBLÉ DE FAUTEUILS DE CRISTAL
RECOUVERTS DE COUSSINS DE VELOURS ROUGE.

cieuse hospitalité, et, après quelques jours d'un
voyage pénible, les attentions de l'aimable jeune

femme qui nous accueille nous font paraître plus doux encore le repos dont nous jouissons. Nous devons rester ici trois jours, car nous y sommes littéralement prisonniers : il n'y a pas d'autre chemin que le fleuve, et il faut attendre le plus prochain bateau qui nous conduira à Bengkalis et à Singapour.

Nos trois journées sont consacrées à mettre en ordre nos notes de voyage. Nous allons, le soir, au théâtre du sultan. Une troupe venue de Penang joue des pièces persanes, où des « péris » se disputent l'amour d'un prince. Les paroles sont en langue malaise, mais la musique est en grande partie empruntée au répertoire des tziganes qui parcourent l'Europe, et c'est une surprise que d'écouter dans ce coin perdu de Sumatra les valses que, l'été dernier, nous entendîmes trop souvent dans les cafés du boulevard et les pavillons du Bois de Boulogne. L'orchestre, composé d'un piano et de deux violons, est dirigé par un Persan, vêtu d'un pantalon blanc et d'une longue redingote, une caricature comique, d'une rare et singulière maigreur. Bien que nous n'ayons fait encore aux Indes qu'un séjour de cinq mois, le malais est une langue assez facile pour que nous puissions suivre aisément le développement de l'intrigue. Le public applaudit vigoureusement aux plaisanteries d'ordre scatologique du principal acteur. Près de nous, le rajah de Tambang,

LA MAISON DU CONTROLEUR, A SIAK, AU BORD DE LA RIVIÈRE.

chez qui nous avons logé l'autre jour, rit aux larmes et prend, sur la chaise où il s'accroupit, des poses variées d'ouistiti; le prince des Goenoeng Sahilan, un tout jeune homme, à la physionomie maladive, regarde d'un œil d'envie les

manifestations d'un luxe qu'il va bientôt connaître,
si ses sujets partagent l'admiration qu'il professe
pour l'administration des Hollandais.

Demain matin nous quittons Siak; le bateau qui
doit nous emmener est passé tout à l'heure, re-
montant vers Pakan Baroe. C'est un bateau chinois, le *Pakan*, d'une saleté repoussante. Nous
y serons fort mal, mais il faut bien nous résigner
à le prendre, pour ne pas attendre ici quatre jours
de plus.

CHAPITRE V

Départ de Siak. — Bengkalis. — La colonisation hollandaise à
Java et à Sumatra. — Les plantations de tabac. — Départ
pour Segli. — Le royaume d'Atjeh. — La conquête. — Le
poste de Padang Tidji et la route de Selimoen. — Kota Radja.
— Le départ d'Oleh Leh.

Penang, 2 juin.

NOTRE voyage touche à sa fin. Nous sommes
arrivés hier ici, venant d'Oleh Leh, et nous
allons retourner à Singapour, pour y prendre le
paquebot qui nous reconduira en France.

Nous sommes partis de Siak le 11 mai, à dix
heures du matin, et nous sommes allés tout
d'abord à Bengkalis. La rivière offre jusqu'à son
embouchure, le même aspect qu'en amont de
Siak. La forêt s'étend de part et d'autre, morne et
silencieuse, et l'eau brune ondule et frissonne au
passage de notre bateau, jusqu'aux feuillages
lourds qui se reflètent et se baignent dans les
flots. Nous apercevons cependant, de place en
place, quelques défrichements assez importants: ce
sont des plantations toutes récentes de sagoutiers.

Des barques sont amarrées à la rive ; on y descend
par une échelle légère ; des enfants crient et s'amu-
sent au bord de l'eau sans souci des caïmans, et
d'autres, tout nus, accroupis à l'extrémité des passerelles en planches, nous regardent d'un air surpris.

Nous nous sommes arrêtés deux heures à Bengkalis ; la ville est bâtie sur la côte ouest de l'île
et regarde la grande terre. Le quartier chinois est
assez étendu et quelques belles maisons témoi-
gnent que le commerce y est encore assez important. L'île tout entière est un berceau de verdure ; il y a, à l'intérieur, quelques plantations
d'arbres à caoutchouc, et autour des maisons, le
long de la route que nous suivons, d'énormes
sagoutiers étalent leurs palmes colossales. C'est
là la note originale, et nulle part encore nous
n'avons vu cet arbre précieux et superbe pousser
avec une telle profusion.

La traversée du détroit de Malacca a été fort
désagréable. Nous avons essuyé un grain très
violent. Notre bateau, fait pour naviguer en
rivière, ne jauge que 90 tonneaux, et, toute la
nuit, il est ballotté lourdement par les lames ; il
penche sous la rafale et se relève péniblement, si
bien que, par instants, on se demande s'il ne va
pas faire le tour complet. Il n'y a pas de cabines,

et nous passons la nuit sur la passerelle, tandis que sous le pont, les Chinois et les Malais, entassés sur trois lignes de couchettes superposées,

LA VILLE ET L'APPONTEMENT DE BENGKALIS.

râlent et se débattent sous l'étreinte nauséeuse du mal de mer.

Nous avons pris à Singapour le bateau qui dessert la côte est de Sumatra et fait le service de Deli. La Compagnie des Messageries maritimes n'a pas d'annexe dans ces parages. Tout autour de

Singapoere, la Compagnie des Norddeutsche Lloyd est en train d'accaparer la totalité du mouvement, tant en voyageurs qu'en marchandises. Il faut le reconnaître du reste, le bateau sur lequel nous sommes, le *Deli*, est fort bien aménagé. La propreté y est scrupuleuse, les cabines parfaites, la table excellente. Les grands paquebots venus d'Europe apportent régulièrement des tonneaux de bière de Brême et, par la chaleur écrasante, nous retrouvons, avec un vif plaisir, les bocks frais tirés, le breuvage écumeux et léger, auquel je n'attachais, cependant en France, qu'un médiocre prix. Nos compagnous de voyage, Allemands ou Hollandais pour la plupart, réalisent de véritables tours de force; ils demandent froidement au maître d'hôtel, non point une bouteille, mais un tonneau et s'engagent à le vider en entier. C'est à ce sport qu'ils emploient les trois jours de la traversée. Le 18 mai, à cinq heures du matin, nous mouillons devant Belawar, le port de Deli.

Les États de Serdang, Langkat et Deli ont pris, depuis trente ans, un développement extraordinaire qu'ils doivent à l'unique culture du tabac. Les plantations occupent aujourd'hui plus de 300000 hectares. Les initiateurs du mouvement ont été des Français, les frères de Guigné, de même que, de l'autre côté du détroit, ce sont des Français encore qui ont découvert et exploité, dans l'État de Perak, les premières mines d'étain.

L'exemple donné par nos compatriotes n'a pas trouvé chez nous d'imitateurs, mais il a profité largement à la Hollande. Presque toutes les exploitations appartiennent à des compagnies

À BORD DU « PAKANG », LES PASSAGERS CHINOIS ET MALAIS JOUENT ET CAUSENT, ACCROUPIS SUR LE PONT.

dont le siège est à Amsterdam et dont l'une, la plus importante, la Deli-Maatschappij, a réalisé des bénéfices prodigieux. La forêt recouvrait autrefois tout le pays; elle persiste encore dans le voisinage de la mer, où le sol est trop bas pour être mis en culture, et les appontements, les entrepôts de Belawar s'allongent sur la rive droite d'une large rivière dont les bords disparaissent sous une épaisse végétation.

En arrière des magasins se trouve la station du chemin de fer. Nous prenons le train à neuf heures, et, à dix heures, nous arrivons à Medan, la capitale de l'État de Deli et le siège du Gouvernement de la côte Est de Sumatra.

La ville ressemble à toutes celles que nous avons vues déjà, tant à Java qu'à Sumatra. Les maisons, presque toutes en bois, sont élevées de 2 mètres environ sur des piliers massifs en maçonnerie, les rues sont larges, plantées de beaux arbres, et, chose unique aux Indes, éclairées à l'électricité. Mais, si l'aspect extérieur est le même que dans les villes paresseuses où nous avons passé déjà, l'allure des habitants et le mode d'existence sont profondément différents.

A l'hôtel, fréquenté par des colons et des voyageurs de toutes nationalités, on a adopté les habitudes anglaises. Pas de « table de riz », pas de longues siestes; les Européens vont et viennent sans cesse, dévorés d'activité; les figures énergiques sont brûlées par le soleil, les mouvements brusques dénotent une vie fiévreuse. Ce n'est plus la mollesse, le calme placide des créoles de Batavia. Par-ci, par-là, on aperçoit des pelouses où l'on joue au tennis, un vélodrome où, le soir, des jeunes gens s'exercent au foot-ball. Dans les rues, nous croisons des indigènes de tous les pays, Malais, Javanais, Chinois, Tamils, Bengalis, tous affairés, portant des fardeaux ou conduisant de lourdes voitures.

Le système employé ici pour exploiter et coloniser des districts, autrefois misérables et presque déserts, n'est pas identique à celui dont j'ai pu, à Java, juger les fruits. A Java, l'extrême densité de la population et son développement si rapide exigeaient des dispositions particulières. Après l'odieuse période des cultures forcées, les Hollandais, sous l'influence généreuse du parti libéral, ont voulu, avant toutes choses, garantir la propriété de l'indigène, assurer son existence, réserver aux générations futures des terres où les nouveaux villages pourront, un jour, s'établir. La culture du riz, à Java, comme dans tout l'Extrême-Orient, est la culture fondamentale, et l'on n'a voulu ni l'entraver, ni surtout placer entre le sol qui produit la précieuse céréale et l'indigène qui la récolte et la consomme, un intermédiaire parasite. Le système des concessions gratuites, si répandu dans nos colonies, n'existe nulle part aux Indes néerlandaises. Les Européens n'obtiennent des terres qu'à loyer, et ces terres ne sont octroyées que par bail emphythéotique et pour une durée maxima de soixante-quinze ans. Il y a du reste, à Java, des restrictions importantes apportées à ce régime: tous les terrains situés dans la plaine, tous ceux qui s'allongent sur les pentes adoucies des montagnes, tous ceux qui peuvent être irrigués, tous ceux, en un mot, où le riz est susceptible de pousser, sont réservés aux Javanais, et l'Européen ne peut s'y établir. On ne concède au colon que les terres hautes, les vallons montagneux que recouvre encore la forêt, les districts où le sol vierge est propre au développement de plantes spéciales, telles que le caféier, le théier ou le cinchona.

Il est cependant des cultures qui ne peuvent être entreprises que dans la plaine, et que le Javanais seul serait incapable de pratiquer d'une manière rationnelle : celle de la canne à sucre, par exemple, celle du tabac ou de l'indigo. Les Hollandais ont résolu le problème de la façon la plus ingénieuse et la plus sûre, sans rien sacrifier de leurs principes et sans léser les intérêts des indigènes, ni ceux des Européens. Les colons traitent avec les propriétaires javanais qui s'engagent à pratiquer, pendant une ou plusieurs sai-

IL Y A PRÈS DE BLORA DE GRANDES EXPLOITATIONS DE BOIS DE TECK.

sons, la culture de la canne à sucre ou celle du tabac sous la surveillance même de l'industriel qui traitera, dans son usine ou dans ses établissements, les produits récoltés. D'ordinaire le Javanais reçoit une somme fixe qui représente la location de ses terres et vend sa récolte à l'industriel hollandais à des tarifs fixés par contrat. Il y a là une sorte de commandite et le système a l'avantage de contribuer à la fois à l'éducation et à l'enrichissement de l'indigène.

Dans ces conditions, on le voit, l'Européen n'a à se préoccuper ni du défrichement d'un sol vierge, ni du recrutement de la main-d'œuvre. Il n'en est pas ainsi partout à Java. Dans les exploitations de bois, par exemple, il faut engager les travailleurs à la journée, mais dans des pays où la population est dense, il ne peut y avoir là aucune difficulté, à la condition toutefois de bien traiter et de payer convenablement les travailleurs. J'ai vu, près de Blora, de grandes forêts de djati (teck) où tous les transports étaient faits par des Chinois que l'on recrutait sans peine à Semarang.

A Deli, les colons devaient rencontrer des obstacles bien plus graves qu'ils ont pu vaincre, grâce à une admirable ténacité, grâce à un esprit d'association que l'on ne trouve guère chez nous, grâce enfin à la puissance de l'argent. Le sol était couvert, depuis la base des montagnes jusqu'à la mer, de forêts marécageuses; il a été, presque partout, drainé, déboisé et mis en culture. D'immenses concessions ont été délivrées; les sultans de Deli, Langkat et Serdang ont cédé les terrains à bail, à raison d'un premier versement de 4 à 10 dollars le bouw (7 091 m.²) et d'un loyer annuel

de 1 dollar. Le Gouvernement hollandais ne s'est
guère préoccupé que de la perception des impôts
et de la distribution de la justice; l'initiative par-

DANS LES EXPLOITATIONS DE BOIS CE SONT LES COOLIES CHINOIS
QUI EXÉCUTENT TOUS LES TRAVAUX.

ticulière a tout créé. C'est à elle que l'on doit les
routes, les ponts, les appontements et le port
encore sommaire de Belawar, le chemin de fer, la
ville même bâtie sur des terrains marécageux,
aujourd'hui remblayés et assainis.

La population malaise, très clairsemée, paresseuse, se refusait au travail. On n'a point songé
à le lui imposer, comme dans tant d'autres colo-

nies; nul n'a proposé le rétablissement d'un esclavage déguisé, nul n'a prétendu moraliser et améliorer l'indigène en l'astreignant à un labeur dont l'Européen eût recueilli les fruits. La main-d'œuvre faisait défaut, on l'a importée. Les planteurs se sont groupés, ont formé un comité, créé un office d'émigration; ils recrutent les coolies à Swatow ou à Canton. Autrefois, ils opéraient par l'intermédiaire d'agents européens établis dans ces ports; maintenant, ils envoient eux-mêmes en Chine d'anciens « mandoers », de vieux serviteurs chinois, qui se chargent du recrutement dans de meilleures conditions.

Les coolies qui arrivent sont enregistrés à la résidence; leur signalement est inscrit; l'administration leur délivre un permis de séjour. Ils sont, à l'arrivée, logés dans les dépôts, puis répartis dans les plantations. Ils signent des contrats pour une durée de trois ans, en présence du résident ou du contrôleur et du « capitaine chinois[1] ». Ils ont reçu, au départ de Chine, quelques dollars d'avance; les colons leur distribuent encore 15 ou 20 florins, leur délivrent des vêtements et des outils. De son côté, le recruteur

1. Chef de congrégation.

reçoit une prime de 12 à 15 dollars par coolie. En tenant compte des frais de passage, chaque travailleur chinois revient ainsi à 75 dollars. Les engagements se font sans difficultés; la plupart des travailleurs restent dans la région, renouvellent leurs contrats. Il n'y a pas, dans ce libre pays, des exploiteurs et des esclaves, il y a des patrons et des ouvriers.

Le secrétaire général de la Deli-Maatschappij, M. de C..., nous a donné tous les renseignements que nous lui avons demandés et nous a guidés avec une inépuisable complaisance. Nous avons visité avec lui les dépôts, l'hôpital, l'asile où sont recueillis les coolies atteints d'infirmités incurables. Nous avons fait ensuite une promenade à travers une plantation de tabac.

Ce domaine s'appelle l'Helvetia. Il est situé sur les bords de la rivière de Deli et occupe une superficie de 6000 bouws[1]. Il est dirigé par un administrateur qui a sous ses ordres six employés européens; le terrain est divisé en dix lots et, chaque année, l'un de ces lots est mis en culture; les autres sont laissés en friche et sont repris à tour de rôle. Sur quelques parcelles, on plante

---

1. Le bouw vaut 7091 mètres carrés.

des « djati », qui donnent, au bout de cinq à six ans, de beaux arbustes que l'on utilise pour la construction des séchoirs. Une route traverse la plantation et coupe tous les lots. Chacun de ceux-ci est divisé en sections, placées chacune sous la surveillance d'un Européen. On commence d'abord par défricher le sol, un an à l'avance, puis on le laboure avec une charrue à vapeur et on le retourne deux fois à la bêche. Le terrain ainsi préparé est divisé, par des rigoles profondes qui servent au drainage, en parcelles d'une étendue de 1 bouw environ. Chaque parcelle est affectée à un Chinois. Celui-ci reçoit les grains, les sème, surveille la pépinière, repique les plants et les soigne. Au bout de soixante-dix jours, la récolte est faite, feuille par feuille ; l'administrateur en achète le produit à des tarifs inscrits au contrat de travail.

Les maisons des surveillants, comme celles des coolies, sont, tous les deux ans, démontées et reconstruites. Elles sont toujours établies à la lisière de deux lots qui doivent être exploités successivement. Les hangars destinés au séchage sont faits en bois et en bambou, et recouverts en chaume. On emploie d'ordinaire à leur construction, soit des Bataks, soit des indigènes recrutés à Bornéo dans la province de Bandjermassim. Des Javanais sont chargés spécialement des travaux de drainage ; des Klings[1] conduisent les voitures et soignent les bœufs de trait que l'on achète au Siam ou en Birmanie.

Après la récolte, tous les coolies sont réunis au centre de la plantation, où se trouve le hangar de fermentation, immense bâtiment de 150 mètres de longueur, construit en bois et en pierre et recouvert en tôle avec de larges baies vitrées. Les coolies sont logés là, suivant leur race et leur religion, dans des bâtiments distincts. Les Chinois sont installés dans des baraques spacieuses, par groupes de trente à trente-cinq, sous la surveillance d'un « mandoer » originaire de la même province et qui reçoit 1/30 ou 1/35 de leur salaire total. Chaque Chinois dispose d'environ 8 mètres carrés, et il se construit lui-même un petit compartiment avec des matériaux légers, bois ou bambou, mis à sa disposition. En arrière des maisons, sont établis les cuisines, les puits, les piscines, à moins que la rivière ne soit toute proche. Le surveillant en chef des Chinois loge au milieu d'eux, dans un pavillon spécial, et il perçoit le trentième de tous les sa-

---

1. Tamils de la côte de Malabar.

laires. Il y a, dans la plantation, une ou plusieurs pagodes, suivant le nombre des Chinois, et l'administration veille scrupuleusement à leur entretien.

La plantation que nous visitons occupe environ 550 Chinois, 200 Javanais, 30 Klings; le sol rapporte, en moyenne, 12 piculs de tabac par bouw, soit environ 1 000 kilogr. par hectare, et le prix ne s'abaisse pas au-dessous de 100 florins le picul (1 fr. 75 la livre).

Nous avons passé quelques jours dans les environs de Medan, et nous avons visité plusieurs plantations situées dans des conditions diverses, mais dont l'organisation générale est presque partout identique. L'une de celles-ci, toute récente, est située à Kouala Bingei. Les sections plantées cette année viennent d'être conquises sur la forêt. Partout se dressent des troncs calcinés; d'autres gisent sur le sol, et les Chinois s'occupent activement d'en enlever les racines, de rassembler et brûler les débris. De l'autre côté de la route, où mon hôte me promène en automobile, la forêt vierge subsiste encore. Le sol argileux est inondé: c'est un marécage où la rivière se déverse en temps de crue; mais déjà des canaux de drainage ont été creusés; l'eau qui s'écoule est noire ou rouge, fortement chargée en tanin. Peu à peu, à mesure que les pluies laveront le sol, l'eau deviendra plus claire. Bientôt le marais asséché sera propre à la culture, le bois inextricable disparaîtra et de nouveaux champs s'étendront sur ses débris.

A Koeala Besilan où nous sommes allés ensuite, l'administrateur, M. Cosnac, est un Français, et il nous reçoit à bras ouverts. Deux autres de nos compatriotes demeurent dans le voisinage, et nous passons avec eux deux journées charmantes. Ils sont pleins d'entrain et d'énergie. Ils ne comptent que sur eux-mêmes et ne demandent rien à l'administration, et je regrette que des colons de cette trempe désertent ainsi nos propres possessions. Je leur demande pourquoi ils n'ont pas cherché à s'établir dans nos colonies. Ils me répondent qu'ils n'y trouveraient pas les mêmes garanties. Ils exploitent ici un sol fertile et ils savent quelle culture ils y peuvent pratiquer avec sécurité. La main-d'œuvre ne leur manque pas, les tarifs douaniers sont faibles, les transports sont faciles et peu coûteux; ils vendent aisément leur récolte sur les marchés de la Hollande. Dans quelle colonie trouveraient-ils réunies des conditions aussi favorables.

Toute cette partie de Sumatra nous donne ainsi

un merveilleux exemple : celui d'une terre sauvage, presque déserte et que l'activité humaine a transformée, en un quart de siècle, en un vaste jardin, sans aucune des spoliations ou des violences qui, si souvent, marquèrent honteusement les œuvres coloniales. Nous allons trouver dans les provinces voisines une situation tout opposée : depuis vingt-sept ans, une guerre implacable désole le territoire d'Atjeh.

Plusieurs fois déjà, dans de précédents voyages, nous avons longé cette terre redoutable ; cette fois, nous allons y pénétrer. Nous avons demandé l'autorisation de débarquer à Segli sur la côte Est et de gagner, par voie de terre, Kota Radja et Oleh Leh. Un petit aviso, le *Spijtz*, vient nous prendre le 26 mai et nous débarque le lendemain matin, à dix heures, au pied du poste de Segli.

Le royaume d'Atjeh a rempli jadis l'Orient de sa gloire. Au XVIIe siècle, le sultan Ibrahim, conquérant du Pasei et du Pedir, chassait les Portugais de Sumatra et portait la guerre jusque dans leurs possessions de Malacca. Dans l'espace de quarante ans, les flottes atchinoises vinrent cinq fois bombarder Malacca. En 1739, dans le port même, elles capturaient sept bâtiments portugais, et le sultan,

UN GROUPE D'ATCHINOIS.

par dérision, renvoyait les matelots et les soldats qui les montaient, après leur avoir fait couper le nez et les oreilles. L'Angleterre et la France envoyaient alors des ambassades auprès d'Iskender Moeda, le nouvel Alexandre. L'amiral de Beaulieu a décrit les splendeurs du palais où il fut reçu, l'immense citadelle dont l'enceinte mesurait plus d'une demi-lieue, les trésors fabuleux, les bayadères couvertes de pierreries, l'artillerie et la cavalerie formidables, les deux cents éléphants armés en guerre, et les trois cents orfèvres sans cesse occupés à ciseler pour le souverain des joyaux inestimables. Au milieu de ce siècle encore, les marins d'Atjeh étaient les plus hardis pirates qui eussent jamais écumé les mers. Pendant longtemps cependant, les Hollandais hésitèrent à entamer une guerre dont ils prévoyaient les difficultés. A plusieurs reprises, ils envoyèrent à Kota Radja des ambassades que le sultan recevait avec une insultante hauteur. Chaque année, des bateaux de commerce étaient attaqués et pillés. En 1873, il fallut renoncer aux moyens pacifiques : la guerre fut déclarée, le 26 mars.

La première expédition ne fut pas heureuse. Les troupes hollandaises ne comprenaient que quatre bataillons et une batterie. Elles débarquaient, le

6 avril, à Kota Tjermin, au nord d'Oleh Leh, à 3 kilomètres et demi à peine de Kota Radja. Le terrain, coupé de larges coulées marécageuses, était parsemé de villages, et ceux-ci s'entouraient d'épais taillis de bambous épineux. Le 10 avril, après une série d'engagements meurtriers, les Hollandais se heurtaient aux retranchements qui entouraient la grande mosquée et s'en emparaient. Forcés de l'évacuer, ils y pénétraient de nouveau, le 12, mais leur commandant en chef, le général Köhler était tué, et, le 17 avril, après avoir vainement essayé de reconnaître les abords du kraton[1], les Hollandais battaient en retraite et se rembarquaient.

Le 7 décembre suivant, une division tout entière, sept mille hommes environ, débarquait de nouveau sur la plage, non loin de l'embouchure de la rivière d'Atjeh. Il lui fallut quarante-cinq jours pour conquérir le terrain qui s'étendait jusqu'au kraton. Sur le sol, hérissé d'obstacles, couvert de hautes herbes ou de champs de canne à sucre, on avançait en aveugles. Le 26 décembre, un combat acharné s'engage : le centre de la position, contre lequel s'obstinaient les Hollandais, était un haut retran-

---

1. La citadelle.

chement dont on apercevait vaguement la crête
par-dessus les broussailles. On se rendait compte
enfin que la rivière en baignait le pied et le sé-

LE LIT D'UNE RIVIÈRE, A ATJEH, A LA SAISON SÈCHE.

parait des assaillants qu'il écrasait de ses feux.

Jusqu'au dernier jour, on ignora l'exacte situation de la citadelle. Les reconnaissances, envoyées
à la découverte, se glissaient à travers les taillis
et, brusquement, des êtres fauves les attaquaient,
armés de « kriss » et de « klewangs », frappaient
en aveugles, dans une rage furieuse et fanatique.
Par terre, les blessés se relevaient, mordaient aux
jambes les ennemis, et jamais ils ne demandaient

grâce : leurs dernières convulsions menaçaient encore.

Le général Van Swieten avait essayé d'entrer en pourparlers avec le sultan. Un Javanais, Mas Soemo Wikidjo, se dévoua, se chargea de remettre une lettre. Affreusement torturé, il était enterré avant d'avoir expiré; par un effort prodigieux, il s'évadait hors de sa tombe, se traînait jusqu'aux lignes hollandaises et venait mourir aux avant-postes.

La citadelle une fois prise, on crut la guerre terminée. Le sultan était mort du choléra et il n'avait point d'héritier. Le général Van Swieten pensa que désormais la résistance ne trouverait plus de chefs. Il provoqua le rappel d'une grande partie des troupes. Son successeur, le colonel Pel, ne conserva que trois mille hommes. La conquête de Kota Radja avait coûté à la Hollande vingt-huit officiers et mille vingt-quatre soldats, tués ou morts de leurs blessures.

Les faibles troupes laissées dans le kraton allaient bientôt s'y trouver assiégées. Les Hollandais avaient espéré réduire un prince orgueilleux; ils trouvaient devant eux un peuple exaspéré, passionnément amoureux d'indépendance. Un homme, le Panglima Polim, fut l'âme de la

UN VILLAGE FORTIFIÉ, A ATJEH.

résistance, mais l'organisation des Atchinois était telle que sa disparition même n'eût rien changé. Le pays est divisé en provinces ou sagis, gouvernées par un Panglima, et celles-ci à leur tour sont formées de districts que l'on dénomme suivant le nombre de villages ou moekims qu'ils renferment. Les chefs de district ont sur leurs sujets, sur leurs vassaux, une autorité entière, et il eût fallu traiter séparément avec chacun d'eux.

Bientôt, les environs de Kota Radja se hérissaient de « bentings », de forteresses, les communications avec la côte étaient constamment menacées. C'étaient, chaque jour, de nouveaux combats; à peine avait-on enlevé un ouvrage, créé un nouveau poste, de nouveaux retranchements surgissaient, tout proches, qu'il fallait attaquer et prendre pied à pied. Au mois de juin 1875, dix-huit mois après la chute du kraton, le territoire occupé par les Hollandais mesurait à peine une trentaine de kilomètres carrés, et les troupes avaient dû, pour se défendre, construire dans cet étroit espace trente-huit fortins. Les hostilités ne se calmaient pas, et la guerre avait un caractère de férocité qui montrait bien que, désormais, l'accord ne se ferait plus entre les deux peuples et que l'irréparable était consommé.

Vers le milieu de 1877, le général Pel parvenait enfin à créer et relier ensemble une série de postes qui, tout autour de Kota Radja, formaient jusqu'à la mer une ceinture protectrice. Dans cette enceinte, dont le plus grand diamètre ne dépassait pas 10 kilomètres, les Hollandais ont dû, pendant près de vingt ans, rester enfermés.

Depuis quelques années cependant, les troupes ont été renforcées et, conduites par un chef énergique, le général Van Heutz, elles ont achevé la conquête de la vallée d'Atjeh. Aujourd'hui, un chemin de fer conduit à Selimoen, à 40 kilomètres de la mer. Un autre, parti de Segli, s'enfonce dans l'intérieur jusqu'à Padang Tidji, et une troisième ligne suit la côte et doit plus tard aboutir à Medan.

La pacification cependant est loin d'être complète. A peine réussit-on à maintenir dans l'ordre une zone restreinte autour de quelques petites places : Telok Semawe, Edi, Melaboe. Cet immense territoire, qui couvre le quart de Sumatra, est encore inconnu. Sur une longueur de 500 kilomètres, on ne connaît rien, au delà d'une mince bande de terre qui borde l'Océan et le détroit de Malacca. Les cartes n'indiquent que quelques hauts sommets, visibles de la côte, à grande distance, et, dans les vallées mystérieuses qui

LA GUERRE À ATJEH : UN DÉTACHEMENT EN RECONNAISSANCE
TRAVERSANT UN GUÉ.

s'enfoncent à l'intérieur, les insurgés, pendant longtemps encore, pourront trouver des refuges sûrs.

Nous ne sommes restés que deux heures à Segli et nous sommes partis en chemin de fer pour Padang Tidji. Nous faisons route avec un détachement qui revient de reconnaissance. Les officiers et le docteur lui-même portent tous à la main un sabre nu. C'est que, dans cette guerre d'embuscade, toute rencontre se décide par un combat à l'arme blanche. Bien que les Atchinois soient armés de fusils, ils ont conservé la tactique qui, jadis, leur donna si souvent la victoire : après une première décharge, ils se jettent sur l'ennemi. Une telle méthode, employée contre des soldats aguerris et armés de carabines à tir rapide, est terriblement meurtrière pour ceux qui l'emploient. Dans ce pays si difficile, couvert de broussailles, propre à tous les guet-apens, un ennemi plus prudent, tel que les anciens pirates du Haut-Tonkin, infligerait aux Hollandais des pertes bientôt irréparables.

Padang Tidji est un poste provisoire, installé sur l'emplacement du village où demeurait autrefois le Panglima Polim, et l'on aperçoit encore, au milieu du campement, les tombes des ancêtres de ce farouche ennemi des Européens. La garnison se compose d'ordinaire d'un bataillon; mais, en ce moment, trois compagnies sont en reconnaissance. L'installation est fort simple. Quelques cahutes misérables sont disposées régulièrement dans un carré de 150 mètres de côté, qu'entoure une palissade, garnie de fils de fer. Comme la plupart des soldats sont mariés, il y a en ce moment dans le poste cent cinquante hommes environ et quatre cent soixante-dix femmes ou enfants, ce qui paraît assez original. On nous annonce qu'une bande de deux cents Atchinois a traversé ce matin la route de Selimoen. Un détachement d'infanterie et un peloton de cavalerie se sont portés au-devant d'eux. A trois heures, les cavaliers reviennent, les Atchinois se sont retirés sans résistance, après avoir tiré quelques coups de fusil. Deux prisonniers, les mains liées à la selle d'un cheval marchent fièrement, la physionomie tranquille et provocante. On prête volontiers aux Atchinois tous les défauts; on les dit menteurs, joueurs, ivrognes et paresseux : à coup sûr, ce sont des braves.

Le lendemain matin, à sept heures, nous partons à cheval pour Selimoen. Un peloton de cavalerie nous escorte. L'étape est assez longue : 42 kilo-

mètres environ. Nous n'avons aucune nouvelle de
Selimoen, car la ligne télégraphique est coupée.
Ces accidents se produisent fréquemment. Ce ne

UN POSTE MILITAIRE PRÈS D'UN VILLAGE, DANS LE TERRITOIRE
D'ATJEH.

sont pas seulement les Atchinois qui jettent par
terre les poteaux, mais les éléphants, très nombreux dans ces parages, s'y emploient aussi activement. Le lieutenant qui nous accompagne nous
affirme qu'il n'a jamais fait la route sans voir
quelque spécimen, à deux ou à quatre pattes, de
ces obstinés ennemis du télégraphe. Cette fois,
cependant, nous passerons à travers un désert que
rien n'anime, et le lieutenant, à son grand regret,
ne nous montrera pas comment charge la cavalerie
hollandaise.

Le chemin, à partir de Padang Tidji, court dans
la plaine en droite ligne pendant 3 kilomètres. Il
suit ensuite une longue crête sinueuse, et nous
montons et redescendons sans cesse sur un sol
rocailleux couvert de hautes herbes. A droite et à
gauche, le terrain est déboisé et la vue s'étend à
une grande distance. Seuls, les fonds des ravins
sont tapissés d'une belle végétation, et nous faisons
halte à plusieurs reprises sous les arbres, tandis
que les chevaux se rafraîchissent dans le lit d'un
ruisseau. A notre droite, se dresse un pic isolé; à
notre gauche, court une chaîne de montagnes
bleues et, tout en haut, étincelante sous le soleil,
une énorme cascade se précipite dans la forêt. La
chaleur est extrême : les parois des montagnes
nous renvoient une intense réverbération et, cependant, le lieutenant trotte paisiblement, la tête
simplement couverte d'un képi qui laisse la nuque
à découvert. Les chevaux sont fatigués et nous
sommes forcés de modérer l'allure. Le pays est
entièrement désert : les Atchinois d'hier ont déci-
dément disparu. Ils ne peuvent, du reste, faire sur
cette route que de rapides incursions et dans le
but unique de gêner les communications entre
Kota Radja et Segli. On ne voit pas la moindre
trace de culture; depuis longtemps sans doute tout

UN PELOTON DE CAVALERIE HOLLANDAISE, A ATJEH.

village a disparu et l'on ne peut se ravitailler et
vivre dans cette région désolée.

Vers midi et demi, après avoir passé à gué une
assez grosse rivière, nous nous arrêtons près d'un
hameau. Il n'y a pas un homme dans les maisons.
Quelques femmes, seules, nous regardent d'un air
hostile et dédaignent de répondre aux questions
qu'on leur adresse. Un soldat indigène grimpe dans
un cocotier et fait pleuvoir une grêle de fruits qui
nous permettent enfin de nous désaltérer. Une
heure après, trempés de sueur, nous arrivons à
Selimoen.

Le poste de Selimoen est fort bien installé sur
la berge de la rivière, très haute en ce point. Les
bâtiments sont en briques, assez vastes et confortables. La garnison se composait, l'an dernier, d'un
bataillon d'infanterie, d'une section d'artillerie et
d'un peloton de cavalerie; elle se réduit, cette
année, à une division de « maréchaussée ». C'est
là une organisation particulière. Les divisions de
maréchaussée recrutent leur personnel parmi les
soldats indigènes qui se sont fait remarquer par
leur bravoure, leur vigueur, leur endurance à la
fatigue et leur adresse au tir. Chaque division est
commandée par un capitaine et comprend douze
brigades. Chaque brigade est composée de : un

sous-officier européen, un sous-officier indigène, un caporal et dix-sept hommes. Un lieutenant a sous ses ordres quatre brigades. Les hommes sont armés d'une carabine et d'un sabre court. Leur cri de guerre, redouté des Atchinois, est : « Potong kapala, coupez les têtes! » Ces divisions constituent des troupes spéciales, rompues aux longues marches, habituées à la guerre d'embuscade qui se pratique ici. Créées depuis peu, elles rendent d'excellents services. Elles sont constamment en marche et protègent efficacement les régions où elles opèrent contre les incursions rapides d'un ennemi extrêmement mobile, mais dont elles ont précisément la mobilité.

A deux heures trente, nous avons pris le train pour Kota Radja. Le chemin de fer, à voie de 0^m60, a été construit par le génie et suit constamment la rive gauche de la rivière. La vallée, assez large, est limitée par des montagnes dont les premières pentes sont déboisées. Les villages, très nombreux, sont enfouis dans la verdure, au milieu des palmiers et des bambous, et les rizières qui les séparent sont ainsi entourées de haies vives impénétrables. Les troupes qui s'engageaient autrefois dans ces défilés, fusillées à courte distance par un ennemi invisible, enlizées dans le marais,

essayaient vainement de prendre l'offensive. Près
du village de Lambaroe, dans la rizière de Kajoe
Leh, un détachement de soixante hommes ainsi
surpris fut complètement anéanti, et le lieutenant
qui le commandait, blessé assez légèrement, tom-
bait et se noyait dans l'eau vaseuse.

En ce moment, la vallée d'Atjeh jouit d'une
tranquillité presque complète. Il y a cependant
encore des escarmouches, et nous voyons, à Indrapoera, une brigade de maréchaussée qui descend
du train et se met lestement en route, pour aller,
cette nuit, exécuter une patrouille dans la montagne.

Nous pénétrons, à Lambaroe, dans l'enceinte
où, pendant si longtemps, les troupes hollandaises
durent rester enfermées. Le poste de Lambaroe
entouré d'une haute palissade en fer, est relié aux
postes voisins par une ligne ferrée qui décrit, autour de Kota Radja, un arc de cercle et aboutit à
la mer, d'une part à Lam Tih et, d'autre part, à
Pakan Kroeng Tjoet. Sur cette ligne, étaient
établis quatorze postes, et d'autres voies ferrées
rayonnantes, parties de la citadelle, y aboutis-
saient.

Aux stations, le long de la ligne, nous ne voyons
qu'un petit nombre d'indigènes. Ce sont surtout

des femmes; les hommes, plus farouches, ne se montrent guère, et des enfants, à peine vêtus, invectivent les voyageurs et exécutent, les poings tendus, des danses sauvages et menaçantes. A coup sûr, si le calme est rétabli, la pacification morale n'est pas faite. A Kota Radja, on ne paraît pas se faire beaucoup d'illusions, malgré les résultats incontestables obtenus depuis trois ans. On ne peut cependant pas reprocher à la Hollande d'avoir entretenu la guerre par ses exigences ou la violence des répressions; tout a été tenté pour amener les Atchinois à déposer les armes. On a respecté leur organisation, leurs droits, leur religion; on maintient aux chefs leurs privilèges : tout cela ne suffit point à satisfaire ces patriotes indomptables. Ils ne demandent rien, sinon d'être libres, de voir l'étranger exécré abandonner ce territoire qu'ils ont vainement défendu contre lui. Qu'ils soient des barbares et des fanatiques, cela n'est point douteux, mais ils défendent leur pays avec une énergie sauvage et qui mérite bien quelque estime : ils luttent en désespérés. Il leur importe peu de mourir, pourvu qu'ils frappent tout d'abord. Le lieutenant qui nous escortait ce matin, nous a conté le fait suivant. L'an dernier, près de Telok Semawe, il passait sur la route, à la tête de son peloton. Un homme, assis au bord du chemin, le regardait avancer et, soudain, tirant un klewang caché sous son vêtement, se jetait sur lui, lui portait deux coups furieux qui n'atteignaient que la selle et, d'un troisième coup, tranchait net le bras d'un cavalier accouru au secours de son chef. Entouré, assailli de toutes parts, il frappait en aveugle et succombait sans une plainte. Il y a quelques jours encore, dans un village où un détachement était venu cantonner, des soldats pénètrent dans une maison, où trois hommes d'apparence paisible se trouvaient déjà. La vue des Hollandais suffisait à réveiller leur haine. Armés de kriss, ils se précipitaient au milieu des soldats; un Hollandais était tué, six blessés avant que les forcenés aient pu être désarmés ou réduits à l'impuissance.

Que faire contre de tels hommes? L'âme orgueilleuse de leurs ancêtres persiste en eux. Ces indomptés ne veulent pas se soumettre; vivre en esclaves, en sujets, auprès des Européens qu'ils méprisent, aucun avantage, aucun bienfait ne leur ferait accepter cette souillure. La mort, la mort du soldat, contient pour eux toutes les récompenses : elle les libère pour jamais. Dès le jour où cette guerre a commencé, l'irréparable a été consommé. Il semble qu'il n'y ait que deux issues : l'évacuation, qui serait honteuse, et l'extermination des Atchinois, qui paraîtrait exécrable au monde civilisé. Dès maintenant, avec les faibles forces dont dispose le général Van Heutz, on a réalisé tout ce qu'il était possible de faire. Mais comment conserver les avantages acquis? A peine a-t-on rétabli la paix sur un point, que de nouveaux désordres éclatent ailleurs. Il faudrait, sur cet immense territoire, un corps d'occupation triple de celui qui y est engagé. Il n'y a, à Atjeh, que quatre mille hommes, pour surveiller, le long des côtes, une bande de terre de 800 kilomètres de longueur. On risque fort, avec de si faibles ressources, de tout entreprendre, sans rien pouvoir achever.

Nous ne sommes restés que deux jours à Kota Radja. C'est une ville exclusivement militaire, bâtie sur les deux rives de la rivière, autour de l'ancienne citadelle. Il y règne une température étouffante et rien ne nous y retient. Ce n'est pas là que serait l'intérêt d'une promenade en Atjeh. Il faudrait pouvoir visiter les postes, se mêler à l'existence des troupes actives, pénétrer à l'intérieur de ce pays inconnu, et cela nous est interdit. Un bateau, le *Maha*, quitte Oleh Leh le 30 mai et nous y prendrons passage. Nous partons de Kota Radja à cinq heures du soir. Un lieutenant de vaisseau, que nous rencontrons en arrivant au port, nous invite fort aimablement à diner : notre dernier souvenir de Sumatra est ainsi un souvenir d'hospitalité.

Nous nous sommes embarqués après dîner. Dans la rade, largement ouverte, une longue houle balance notre bateau. Nous partons. Nous passons entre la côte atchinoise et l'île de Poelo Weh. Nous longeons les pentes rudes, couvertes de bois, qui protègent la petite baie de Sabang où l'on vient de créer, dans cet îlot minuscule, un dépôt de charbon. Derrière nous, le phare brille mélancoliquement pendant longtemps. La lune, à peine levée, éclaire les lames paresseuses, qui s'enflent et s'abaissent mollement. Les hautes montagnes se détachent sur le ciel pur. Mais bientôt, des vapeurs ténues montent, l'horizons emble se reculer, et cette terre merveilleuse où jamais plus, sans doute, je ne remettrai le pied, lentement s'efface et, dans la brume, disparaît.

TABLE DES MATIÈRES

CHAPITRE V

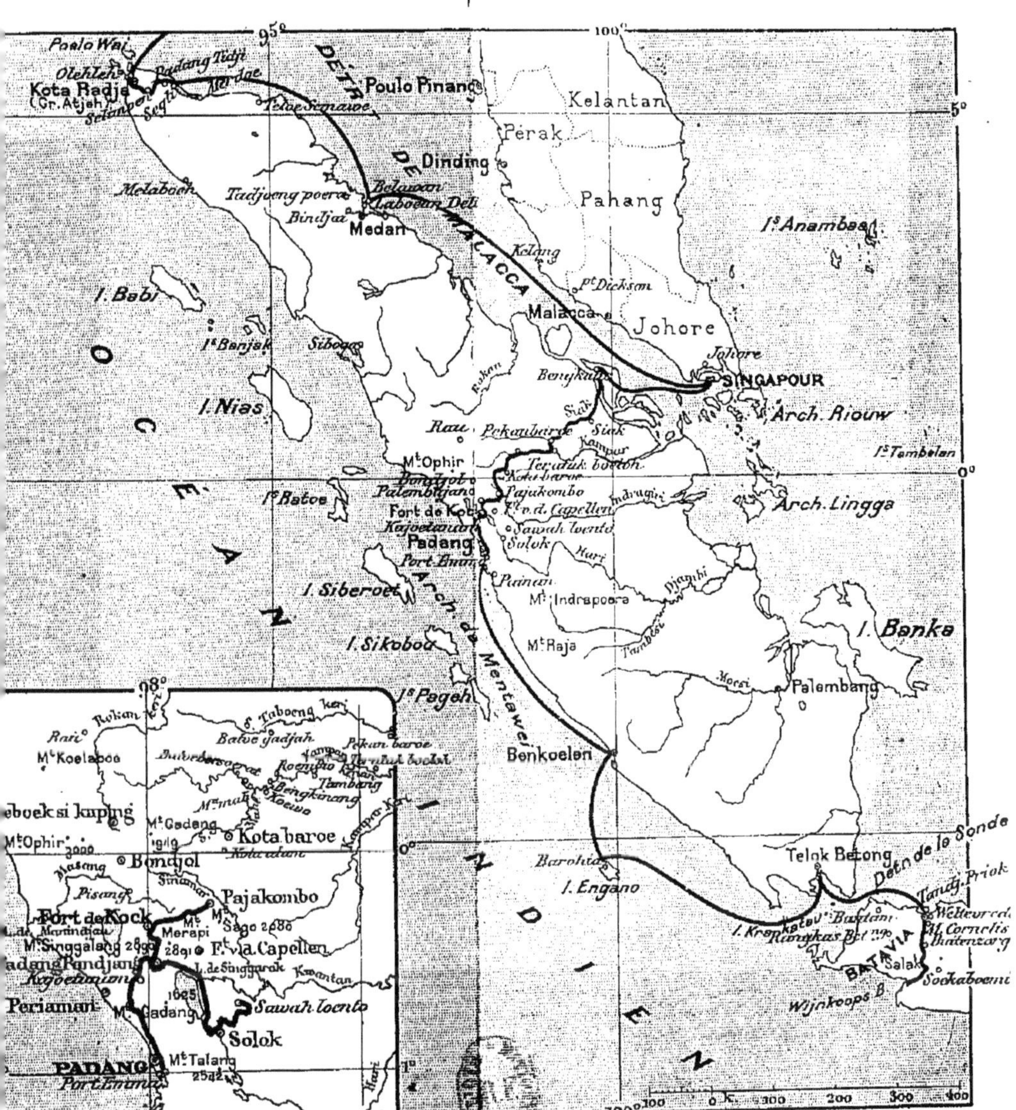

CARTE POUR SUIVRE LE VOYAGE DE M. F. BERNARD.

TABLE DES GRAVURES